中国农业上市公司资本结构研究

余景选 著

浙江工商大學出版社
ZHEJIANG GONGSHANG UNIVERSITY PRESS

图书在版编目(CIP)数据

中国农业上市公司资本结构研究 / 余景选著. — 杭州：浙江工商大学出版社，2015.10

ISBN 978-7-5178-1310-1

Ⅰ. ①中… Ⅱ. ①余… Ⅲ. ①农业企业—上市公司—资本结构—研究—中国 Ⅳ. ①F324

中国版本图书馆 CIP 数据核字(2015)第 221510 号

中国农业上市公司资本结构研究

余景选 著

责任编辑 王黎明
封面设计 包建辉
责任印制 包建辉
出版发行 浙江工商大学出版社
(杭州市教工路 198 号 邮政编码 310012)
(E-mail:zjgsupress@163.com)
(网址:http://www.zjgsupress.com)
电话:0571-88904980,88831806(传真)
排　　版 杭州朝曦图文设计有限公司
印　　刷 浙江云广印业股份有限公司
开　　本 710mm×1000mm 1/16
印　　张 11
字　　数 181 千
版 印 次 2015 年 10 月第 1 版 2015 年 10 月第 1 次印刷
书　　号 ISBN 978-7-5178-1310-1
定　　价 30.00 元

浙江工商大学出版社营销部邮购电话 0571-88904970

前　言

农业在我国处于基础地位，农业产业化经营是推进农业现代化的重要途径，而农业上市公司则是带动农业现代化的龙头企业。基于农业上市公司的视角，在其成长过程中，一个不得不面对的问题是农业上市公司绩效低下、治理水平不高。而绩效的提高和治理水平的改善都脱离不了与资本结构的关系。探讨农业上市公司资本结构的决定因素，分析资本结构与公司绩效和公司治理之间的关系，并进一步提出农业上市公司资本结构的优化措施，这对于改善农业上市公司绩效、改进其治理水平从而发挥其龙头作用具有重要的意义。

本书根据资本结构代理成本理论和不对称信息条件下的优序融资理论，规范分析和实证分析相结合，运用描述性统计的方法分析农业上市公司资本结构的现状，采用 Kruskal-Wallis 非参数检验及 Tamhane's T2 法对不同行业间资本结构的差异进行检验，使用列联表行列独立性卡方检验的方法寻找影响资本结构的因素，通过面板数据模型的构建分析农业上市公司绩效对资本结构的影响，采用回归分析方法探讨农业上市公司资本结构对绩效的作用，运用逻辑演绎的方法考查资本结构与公司治理的关系，并利用统计归类的方法探讨了对资本结构优化起保障作用的财务预警模型在农业上市公司中的修正应用。经过系统、深入的分析，得出结论如下：

农业上市公司和所有上市公司一样，资产负债率呈长期上升趋势。农业上市公司无论是数量还是发行股票筹资的金额，在我国各行业的上市公司中均处于较低水平，股票市场的支农力度与农业的基础地位极不相称。从负债的期限结构看，农业上市公司流动负债占总资产的比重明显高于非流动负债的比重，其债务筹资风险总体上要高于所有上市公司的平均水平。检验结果表明，资本结构的显著性差异较广泛地存在于多个行业之间。从融资结构来看，不能证明农业上市公司具有股权融资偏好，因为借款是农业上市公司最主要的融资方式。

使用列联表行列独立性卡方检验的方法对盈利、规模、成长性、非债务税盾以及资产担保价值等因素进行实证检验，结果显示影响农业上市公司资本结构的主要因素是总资产规模。

实证分析的结果表明，农业上市公司的长期负债比率与当期、滞后一期及滞后两期的净资产收益率均没有关系，总负债率和流动负债比率与当期的净资产收益率之间呈现出负相关关系。使用回归分析法分析资本结构对公司绩效的影响时，若使用线性模型分析，发现一些年份农业上市公司的净资产收益率与资产负债率之间存在显著的负线性关系；如果采用二次曲线模型进行分析，发现在一些年份农业上市公司的资产负债率与净资产收益率之间存在显著的二次曲线关系，可以使用极值定理求出这些年份的最佳资产负债率；若采用逐步回归法进行多重线性回归分析，各年份引入的影响净资产收益率的解释变量并不完全相同，相比较而言，流动负债比率这一变量被引入的次数最多。

股权分置改革以来，农业上市公司流通股比例快速上升，第一大股东持股比例总体下降，但股权集中度依然较高。农业上市公司一股独大的状况加深了股东之间的利益冲突，并凸显出公司的代理问题。农业上市公司股权激励不到位，并且董事会、监事会监控经理人的意图没有很好地实现。农业上市公司债权资本对高管人员的激励作用以及破产约束作用没有有效发挥，流动负债占总负债的比重过高显示缺少债权人治理。

农业上市公司资本结构优化应以股东财富最大化为目标。为优化资本结构，农业上市公司需要强化理财意识，提高公司的绩效，还需要防范风险，适度负债，并需要优化公司的治理结构。

PREFACE

Agriculture has the fundamental status in China. Agricultural industrialization is the important way boosting agriculture modernization. The agricultural listed companies are the lead of agriculture modernization. View based on the agricultural listed companies, a problem have to face is the worse performance and governance power. The improvement of performance and governance level can not divorce from capital structure. It has important meaning for improving the performance and governance level of agricultural listed companies to discuss the determination factor of capital structure, to analysis the relation between capital structure and performance or corporate governance, and to discuss the countermeasures for the capital structure optimization of agricultural listed companies.

The theory bases of this book are the agency costs theory and the pecking order theory. This book combines the normative method with positive method. It analyzes the current status of capital structure of agricultural listed companies by descriptive statistics method. It tests the difference between agricultural listed companies and other industries' listed companies by the method of Kruskal-Wallis and Tamhane's T2. It finds the influence factors of capital structure by cross-tabulation method. It analyzes the affect of performance to capital structure by panel data model and discusses the effect of capital structure to performance by regression method. It examines the relationship between capital structure and corporate governance by method of logic. It discusses the corrected apply of financial risk warning model which has ensure function to optimize capital structure by the method of statistics classifying.

The main conclusions are as follows:

The debt-asset ratio of agricultural listed companies rises steadily for a long time. It is lower than the other industries whether the listed quantities or the raised money of agricultural listed companies. The current liability to asset ratio of agricultural listed companies is more than the non-current liability to asset ratio and it determines that the financing risk of agricultural listed companies is more than the average of all listed companies. It is found that the non-current liability to asset ratio of agricultural listed companies stay in the middle of twelve industries', while the current liability to asset ratio at the bottom. The test result shows that the notable difference in capital structure exists widely in different industries. The frame of financing can not prove that the listed agricultural companies have the preference of stock issue. Loan financing is the mostly main mode of financing.

The influence of yield, scale, growth, non-liability tax shield and asset secured value are tested by cross-tabulation method. The main factor influence the capital structure of agricultural listed companies is the scale of assets.

The effect of empirical analysis shows that there is no proof of the relation of long-term liability asset ratio to the rate of return on common stockholders' equity in the current period, and to the rate which has a time lag of one period or two periods. Liability asset ratio has a negative correlation to the rate of return on common stockholders' equity as well as the current liability asset ratio. Regression method is used to analyze the influence of capital structure to corporate performance. It shows that the rate of return on common stockholders' equity has significantly negative correlation to the liability asset ratio in some years if use the linear model. It is discovered that there is significantly quadratic correlation between liability asset ratio and the rate of return on common stockholders' equity in some years when the quadratic model is used. So the optimal capital structure can be found according as extremum theorem in these years. If the stepwise model is used, the analysis effect reveals that the explanatory variables of the rate of return on common stockholders' equity are incompletely same in every year while the current liability asset ratio is imported the most frequently.

The tradable share proportion of agricultural listed companies has increased quickly after reform of non-tradable shares. The share proportion of the largest shareholder as a whole is falling but the equity ownership concentration still keeps high. The status that one share dominates exclusively makes the interest conflict of stockholders deeper. There are faults in the executive ownership incentives of agricultural listed companies. The intentions of directorate and supervisory board to supervise handlers are not realized goodly. The debt ownership capital of agricultural listed companies has not brought the function of inspiriment and bankruptcy restric tion into play. The high proportion of current liability to total liability means that loaner governance is absent.

The object of capital structure optimization of agricultural listed companies is shareholder wealth maximization. It is necessary to strengthen the financing consciousness, improve the corporate performance, keep the risk away, get into debt within measure, and optimize the corporate governance structure to optimize the capital structure of agricultural listed companies.

目　　录

导论

1

第一章

1.1 研究背景

资金对所有企业而言都是非常重要的资源。企业筹集的资金按来源属性不同可以划分成权益资金和债务资金两大类。权益资金是企业通过吸收直接投资、发行股票和留存收益等方式筹集的资金，在企业存续期内由企业自主支配不用偿还。一般而言，权益资金财务风险小，资金成本较高。债务资金是企业通过银行借款、发行债券等方式筹集的资金，债务到期需要支付利息、偿还本金。一般来说，债务资金承担较大的财务风险，资金成本则相对较低。

资本结构(capital structure)的一般内涵是指债务资金和权益资金的比例，通过融资决策确定权益与负债的最佳组合比率，使公司的资本成本降到最低，并实现公司价值最大化，为资本结构理论所探讨的目标，也是金融学术研究中最扑朔迷离的理论之一。资本结构理论是微观金融理论和企业理论的一个重要组成部分，是微观金融理论和企业理论的一个主题和热点问题。

上市公司资本结构实证研究在近几十年来经久不衰，然而这些研究主要开展于以美国为代表的西方发达国家，且实证研究的结果并没有获得一致的结论。而对于发展中国家，由于市场环境和制度因素的影响，资本结构具有典型的特殊性，研究结论呈现较大的分歧。从整体来看，对发展中国家资本结构的实证研究还是比较少的，而对于发展中国家的农业上市公司资本结构的研究就更少了。

已有的经验研究表明，不同国家的企业资本结构在较大范围内存在显著差异，相同国家不同行业的资本结构也在一定程度上存在差异，甚至有时相同国家相同行业内不同企业的资本结构也会有明显的差异。资本结构理论在中国农业上市公司这一特殊的集群中尚缺乏实证检验，资本结构并没有在农业上市公司融资实践中作为主要的依据。中国农业上市公司是否存在异常啄序融资现象？是否存在过度股权融资和财务保守行为？究竟什么因素影响中国农业上市公司资本结构选择？农业上市公司的经营绩效是否影响资本结构？资本结构又是否影响其经营绩效？农业上市公司的资本结构决策如何影响其公司治理的效率？这些问题，都有待进一步的理论分析和实证检验。面对西方资本结构理论的基本制度假设与中国实践相矛盾的情况,迫切需要结合中国的实际情况和农业上市公司的实际情况,为其独特的资本结构提供解释,为其资本结构优化提供具有指导性与操作性的方法与对策,进而为完善其治理结构、提高其经营绩效奠定基础。

1.2 研究目的和意义

1.2.1 研究目的

对我国农业上市公司资本结构的研究,要在把握资本结构理论脉络的基础上,结合我国农业上市公司的实际情况开展实证分析,总结出具有一般规律性的东西,用于农业上市公司实践活动的指导。主要的研究目的包括:

(1)揭示农业上市公司资本结构的变动趋势及其与其他行业之间的差异,分析农业上市公司融资行为的特征,找出其融资行为存在的缺陷。

(2)实证分析决定我国农业上市公司资本结构的公司层次的因素,利用列联表行列独立性卡方检验的方法对盈利、规模、成长性、非债务税盾以及资产担保价值等因素进行实证检验,找出影响农业上市公司资本结构的主要因素。

(3)分析我国农业上市公司资本结构与公司绩效之间的关系,一方面考虑公司绩效与资本结构变动之间可能的滞后关系,检验公司绩效对资本结构的影响;另一方面考查资本结构对公司绩效的反作用。分析农业上市公司资本结构与公司治理之间的关系,从股权资本和债权资本治理效应的角度,找出存在的缺陷,并提出股权治理与债权治理的优化措施。

(4)寻求农业上市公司资本结构的优化途径。在明确农业上市公司资本结构的现状、主要影响因素及其与公司绩效和公司治理之间关系的基础上,提出有针对性的农业上市公司资本结构优化措施。

1.2.2 研究意义

揭示农业上市公司资本结构变动趋势可以使农业上市公司看清自身主要的财务现状以及将来可能面临的困境,以尽快采取优化资本结构等措施进行应对。通过对农业上市公司融资行为特征及缺陷的分析,可以帮助农业上市公司选择合理的融资方式和融资渠道，充分、合理地利用各种资金来源，满足公司的融资需求。

资本结构与公司绩效之间具有双重互动关系，搞清楚两者的关系，有利于农业上市公司提高业绩，改变目前普遍存在的绩效偏低的现状。站在资本结构的角度，找出农业上市公司股权治理与债权治理的缺陷，有利于提高农业上市公司的治理水平，协调农业上市公司股东、经营者及债权人之间的利益冲突，维持公司高效、和谐地运转。

通过提高绩效、改善公司治理等措施优化农业上市公司的资本结构，首要的条件是能够根据资本结构的决定因素来调整控制资本结构，那么对资本结构影响因素的研究就具有基础性的意义。

另外，选择农业上市公司资本结构作为研究的主题，将已有的一些资本结构理论与中国农业上市公司的实际情况相结合进行检验，是资本结构理论在农业问题上具体深入的运用。反过来，在农业上市公司这一特定领域得出的研究结论亦能形成对资本结构理论的有益补充。

1.3 国内外研究动态

1.3.1 国外研究动态

按 David Durand(1952)的总结，早期对资本结构的研究形成净收益理论、净经营收益理论和传统理论。净收益理论认为，公司采用负债融资总是有利的，负债比例越高，公司的价值越大。净经营收益理论认为不存在最优资本结构，不管债务资本的比例如何变化，公司的价值是保持不变的。传统理论认为，公司价值随着债务资本比例的增加先上升再下降，形成一个倒 U 形曲线，公司价值达到最高点时的债务资本比例就是最优的资本结构。

Franco Modigliani 和 Merton H. Miller(1958)提出今天所谓的“MM 定理”，其中定理 1 认为在满足一系列假设的条件下，公司的市场价值独立于其资本结构。Merton H. Miller(1977)进一步把所得税引入分析中，提出一个均衡模型，认为在考虑公司所得税和个人所得税时，持有负债公司实际资产的股东获取的因公司负债杠杆作用产生的收益，由公司所得税率、适用于普通股收入的个人所得税率和适用于债券收入的个人所得税率三者相互作用而决定。从总量上看，整个债券市场存在着一个最优企业债务——股票比，企业在增发债券直到这个最优均衡点的过程中，企业的市场价值逐步增大，但在均衡点上，不论企业是债务融资还是权益融资，都不能使税收上的利益增加，因为此时一个层面上获得的税收好处刚好被另外一个层面上增加的税收劣处所抵消。

20 世纪 60 年代后期，财务学界对 MM 定理在考虑税收制度和破产成本的存在的条件下是否成立进行了探讨，由此产生破产成本主义和税差学派两个流派。

破产成本主义主要研究破产成本与资本结构之间的关系。Nevins D. Baxter(1967)认为，由于企业破产时要发生相应成本，所以过度负债导致破产风险增大势必导致企业价值下降。Joseph E. Stiglitz(1969)认为，在存在破产可能性的条件下，企业债务筹资的利率将随负债比例的提高而提高，他和 David P. Baron(1974)一样都认为在满足特定条件下，在存在破产成本时 MM 定理仍然可以成立。Jerold B. Warner(1977)对破产成本进行分类，将破产成本分为直接成本和间接成本，通过对进入破产程序的企业的破产成本进行计算，得出结论认为直接破产成本占企业市场价值的比例明显偏小，在资本结构决策中可以忽略不计。Michelle J. White(1983)将破产成本分为事后破产成本和事前破产成本，经验统计的结果提示，如果只考虑申请破产后的交易成本也就是只看事后破产成本的话，破产成本是比较低的，但是包含事前破产成本在内的总破产成本则要比能够看到的事后破产成本高得多。

税差学派主要研究税收差异对资本结构的影响。税收差异是指因为税收类型的不同以及在个人所得税累进税制下因为适用税收等级不同而导致的税负差异。其代表人物 Donald E. Farrar 和 Lee L. Selwyn(1967)认为，在不存在个人所得税和企业所得税时，个人负债和企业负债可以完全相互替代，投资者个人收益不受企业债务水平的影响。在考虑企业所得税、个人所得税和资本利得税三个因素的情况下，投资者个人收益的高低取决于它们共同作用的结果，企业负债和个人负债会达到一个均衡点。

对税收利益和破产成本的综合考虑形成了权衡理论。Robichek 和 Myers(1966)提出了早期权衡理论观点：由于税收的存在，负债能为股东增加公司的价值。但同时负债也可能发生“破产成本”，会部分或全部抵消负债带来的节税利益,导致公司价值的减少。当负债带来的边际税收利益现值刚好等于负债带来不利的边际成本现值时,此时的负债水平为最优负债水平。Harry Deangelo 和 Ronald W. Masulis(1980)从边际价值的角度论证了企业存在最优资本结构,使权衡理论得到新的发展。他们认为非债务税收利益的存在导致财务杠杆决策与企业价值之间存在必然的联系,只有在企业负债带来的边际价值等于零时,财务杠杆的决策才是无关轻重的。他们论证了在考虑破产成本时,市场均衡状态下每个公司都有一个唯一的内部最优资本结构,这一资本结构刚好能使公司和股东个人在债务上预期的边际净税收利益现值等于预期的边际破产成本现值。Kim 等人(1984)考虑财务困境成本构建公司的价值模型,利用微分原理论证财务困境成本、非债务税收利益和债券收益边际个人所得税率的提高会导致公司最优负债水平的下降,而股票收益个人所得税率的提高将会导致最优负债水平的提高。

20 世纪 70 年代后期,不对称信息理论融入资本结构理论,这种新的理论观点从信号、动机等内在逻辑层面解释资本结构问题,而不仅仅局限于对税收利益和破产成本等外在影响因素的权衡上。Hayne E. Leland 和David H. Pyle(1977)认为,不对称信息存在于各种市场,资金市场中的借款方比提供借款的另一方更清楚抵押品的质量,更了解借款方自身的管理水平和败德行为的可能性。他们指出,在投资报酬率既定的条件下,公司的负债水平本身就是一种反映风险程度的信号。他们还指出,在信息不对称的条件下,经理人所持有的股权比例能够充分揭示一个投资项目的好坏,如果经理人持有的比例越高,则发出的信号是项目的投资价值越大。Stephen A. Ross(1977)认为,在经理人占有内部信息的不对称信息条件下,经理人激励计划和财务结构的选择将向市场传递信号,提高财务杠杆显示了管理者对企业未来的业绩有着良好的预期,能向市场传递出使企业价值得到提高的信号。Stewart C. Myers(1984)认为,投资者之所以关心公司的资本结构,是因为公司在公布资本结构的信息时,股价会随之发生变化,即产生所谓的“信息效应”。Myers 和 Majluf(1984)提出了优序融资理论中融资的一般层次:公司更喜欢内部融资,如果需要外部融资的话,公司将首先选择发行债券,然后才选择发行股票。在这种融资选择顺序下,如果公司盈利能力增强,可以使留存利润增加并被优先选择形成公司融资来源,从而导致公司负债比例下降,即公司盈利能力和资本结构负相关。Titman 和 Wessels

(1988)对美国的制造业上市公司资本结构进行研究,也得出了相似的盈利能力与资本结构负相关的结论。

代理理论的代表人物 Jensen 和 Meckling(1976)继承了科斯的企业理论,认为企业的本质是一种契约关系,代理关系也属于契约关系,因为委托者和代理者之间代理关系的存在导致了代理成本的产生。Jensen 和 Meckling运用代理成本的概念对最优资本结构做出判断:在内部权益(这里指经理所持股权)既定的条件下,企业的外部权益资金(指企业外部人员所持股权)占总外部资金来源(指企业外部人员所持股权和债权)的最优比例,应是能使总代理成本最小的那一比例。

一些学者主张通过财务契约来解决代理问题,控制股东和债权人之间的冲突以提高企业的价值。Smith Jr. C. W. 和 Warner J. B. (1979)研究了财务契约中的限制性条款如何制定并用于协调股东和债权人之间的矛盾。Rent M. Stulz 和 Herb Johnson(1985)分析得出设有优先条款的担保债务能提高企业的价值,有担保债务可以减少债权人的监督成本。Robert A. Haugen 和 Lemma W. Senbet(1981)认为,可以通过可转换债券或股票期权等财务契约设计来解决经理人过高消费的代理问题,股东不愿承担风险所导致的代理问题也可以通过发行可转换债券予以解决,由于信息不对称导致剩余损失的代理问题则可以通过发行可赎回债券予以解决。

公司控制权驱动学派主要研究因为股东和经理人之间的利益冲突而引发的代理问题,并据以分析控制权争夺对资本结构的影响。Rene M. Stulz (1988)认为,管理者对投票权的控制比例是上市公司所有权结构的一个重要影响因素,他分析了管理者对投票权的控制是如何影响企业的价值和财务政策的选择的,他分析得出的一个重要结论是资本结构的改变可以影响管理者的投票权控制比例进而影响企业的价值。Larry Y. Dann 和 Harry Deangelo(1988)认为改变资本结构主要是遵循管理人员的意志而不是股东的意志,并得出结论认为企业的控股权市场会影响包括资本结构在内的财务政策的决定。Milton Harris 和 Artur Raviv(1990)假设管理者在任何情况下都不愿意放弃企业控制权,也不会情愿提供可能导致自己控制权丧失的有关信息。投资者利用负债监督管理者并得到所需要的信息,最优的负债数量取决于信息价值、约束管理者的机会与引起调查成本可能性之间的权衡。Aghion 和 Bolton(1992)分析了债务契约和破产机制、股权契约和经营权之间的相关性，并认为这些关系的基础是剩余控制权的分配。Israel（1992）研究了预期控制权争夺所影响的资本结构问题，结论认为更有效的经理人利用更少的负债，有较强的控制权竞争对手的公司会选择发行更多的负债。Dewatripont 和 Tirole（1994）讨论了控制权与货币收益之间的关系，分析了将控制权分配给多样化的外部投资者的作用，认为在企业经营状况好时控制权应由企业家拥有，而在经营状况恶化时控制权应转移至债权人。Hart 和 Moore（1998）认为，货币收益权不可观察和证实，最好的融资工具应具有与债务相似的剩余控制权，即承诺给予投资者固定的报酬，一旦违背承诺，则控制权转移给投资者，投资者可以对企业进行清算。Dyck 和 Zingales（2001）研究了控制权收益的影响因素，结论认为控制权收益与控股股东的持股比例正相关，而与行业竞争程度、法律对投资者的保护程度负相关。La Porta 等（2002）分析了控制权收益与法律对投资者保护程度之间的关系，得出了与 Dyck 和 Zingales 相似的结论。

1.3.2 国内研究动态

国内对公司资本结构的经验研究比较丰富，其中有大量的文献对资本结构的影响因素展开探讨。陆正飞和辛宇（1998）采用多元线性回归分析方法对机械和运输设备业上市公司的资本结构影响因素进行分析，发现获利能力与资本结构负相关，而公司规模、资产担保价值和成长性与资本结构的关系不显著。李善民和苏赟（1999）采用逐步回归法分析上市公司资本结构的影响因素，发现总资产与负债比率之间存在显著的正相关关系。洪锡熙和沈艺峰（2000）使用列联表行列独立性卡方检验的方法研究制造业上市公司资本结构的影响因素，检验结果表明，上市公司的规模和盈利能力与公司负债率正相关，而股东权益和成长性与资本结构没有什么显著的关系。吕长江和韩慧博（2001）使用逐步回归法分析工业类上市公司资本结构的主要影响因素，得出的结论表明公司规模和成长性与负债率正相关，而获利能力、流动比率和固定资产比例与负债率负相关。肖作平和吴世农（2002）使用多元回归分析法对深市上市公司资本结构影响因素进行分析，发现国有股股本、资产担保价值、企业规模以及财务困境成本与企业债务水平呈正相关关系，而经理人员占董事会人数的比例、成长性、产生内部资源能力以及非债务税盾与企业债务水平呈负相关关系。童勇（2004）对资本结构动态调整过程中的影响因素进行实证分析，结果表明公司的规模和成长性与债务水平正相关，而非债务税盾、流动性和公司盈利能力与债务水平负相关。齐寅峰等(2005)认为，政府的宏观调控政策及其他具体政策对企业融资决策有非常重要的影响，从而对资本结构也产生较大影响。朱凯和陈信元(2007)分析了银行腐败对资本结构决策的影响，认为随着银行腐败成本的上升，公司更倾向于股权融资和长期信贷融资。

如同对资本结构决定因素的研究一样，在上市公司资本结构与公司绩效关系方面，大家也未得出一致的结论，大致有三种类型的观点：(1)一种结论是认为公司绩效与负债水平负相关。陈小悦、李晨(1995)采用沪市上市公司的数据分析，发现负债权益比率与收益负相关。陆正飞(1996)研究发现我国企业负债率与收益率负相关。陆正飞、辛宇(1998)利用 1996 年沪市机械及运输设备业上市公司的数据研究发现获利能力与负债比率负相关。冯根福、吴林江、刘世彦(2000)采用 1996—1999 年中国上市公司数据进行回归分析，得出结论认为负债率与盈利能力显著负相关。吕长江、韩慧博(2001)的研究认为负债率与企业获利能力负相关，高获利能力往往伴随着低负债率。沈维涛、叶晓铭(2004)利用 1998—2002 年沪深上市公司数据实证分析得出结论，认为绩效指标 EVA 与负债率之间存在负相关关系。胡援成(2008)通过因子分析确定模型变量，再对缩减变量进行回归分析，实证结果表明公司绩效与资产负债比率有显著负相关性。(2)有的学者则得出结论认为公司绩效与负债水平正相关。洪锡熙、沈艺峰(2000)以净利润/主营业务收入为解释变量，得出企业盈利能力越强，负债水平越高的结论。陈小悦、徐晓东(2001)认为国有上市公司增加长期负债能够提高企业价值。王娟、杨凤林(2002)经实证研究得出结论认为盈利能力强的上市公司财务拮据成本较低，可以保持较高的负债水平，因而负债比率与盈利能力呈正相关关系。吕长江、王克敏(2002)以托宾 Q 值为解释变量，得出负债比率与公司绩效正相关的结论。汪辉(2003)采用多元线性回归的方法发现债务融资对公司价值有促进作用。张桂林、杜颖(2003)采用电力行业上市公司的数据分析得出负债比率与净资产收益率呈显著正相关的关系。(3)也有人得出结论认为公司绩效与负债水平非线性相关。汪昌云(2006)通过实证分析发现，负债比率与公司营运绩效和公司价值之间应存在非线性关系，比较适合用非线性方法来探讨。

一些学者对资本结构与产品市场竞争之间的关系展开研究。刘志彪等(2003)认为,企业资本结构的选择能产生战略效应,可以向同行传递自己采取的竞争行为是强硬的还是温和的信号,他们建立经济模型检验了企业资本结构与产品市场竞争战略之间的关系,实证分析的结果表明,企业资本结构与所在的产品市场的竞争程度之间存在显著的正相关关系。姜付秀和刘志彪(2005)研究认为,在经济波动冲击产品需求时,激进的资本结构选择将对企业的市场份额产生不利影响,而当产品需求转旺时,激进的资本结构选择有利于企业市场份额的提升。屈耀辉等(2007)实证研究的结果表明,资本结构的选择会影响到企业所在的产品市场的竞争状况,并且这种影响具有时滞性,即当期的资本结构选择会对以后的产品市场竞争强度产生影响。姜付秀等(2008)对产品市场竞争变化与资本结构动态调整之间的关系进行研究,实证分析的结果表明产品市场竞争对公司资本结构偏离目标水平产生重大影响,公司所在的产品市场竞争越激烈,其资本结构偏离目标水平的幅度就越小。

有的学者认为,企业资本结构不仅影响企业的融资成本,而且影响企业的治理结构。如何构建一个较优的资本结构以保证公司的治理效率,是需要认真思考和研究的问题。张维迎(1999)认为,资本结构是公司治理结构最重要的一个方面,公司治理结构的有效性在很大程度上取决于资本结构。晏艳阳和陈共荣(2001)分析了股东与经营者以及债权人之间的利益冲突,认为资本结构的优化对减少上市公司的代理成本有不可替代的作用,上市公司应该扩大债务融资的比重,完善我国的企业债券市场对于提高上市公司债务融资比重进而提高其治理水平是非常重要的。陆正飞和高强(2003)通过调查分析得出结论认为,由于中国资本市场制度背景方面以及公司治理方面的原因导致中国上市公司具有明显的股权融资偏好。陈共荣和胡振国(2003)分析了资本结构与公司治理结构之间的关系,认为资本结构决定了公司治理结构,而公司治理结构反过来也会影响资本结构,企业存在一个最优的资本结构和公司治理结构,两者在企业价值最大化下达到完美的统一。张兆国等(2005)认为,资本结构直接影响代理成本,是公司治理结构的一个重要方面,通过实证分析得出结论认为经营者持股比例、负债融资比例、法人股比例和第一大股东持股比例与股权代理成本负相关,国家股比例和流通股比例与股权代理成本正相关。郑家喜(2007)通过对家族上市公司治理效率影响的实证分析，得出结论认为提高负债比例有助于提高家族上市公司的市场价值。王化成等(2008)以资本结构作为融资决策的代理变量，研究发现融资决策是治理机制和公司价值之间的中间变量，境外上市显著改善了公司治理，进而通过融资决策的优化又显著提高了公司价值。

国内以农业上市公司为研究对象研究其资本结构的文献不多。姚琼(2005)提出了可能影响农业上市公司资本结构的微观因素包括非债务节税因素、营利性、成长性、规模、经营风险等，宏观因素包括税收制度、金融体系等，并用逐步回归分析、聚类分析等方法进行实证，得出我国农业上市公司负债比率与营利性、成长性等因素显著负相关的结论。柳松(2005)采用主成分分析法选取 9 个主成分因子为解释变量进行多元线性回归分析，得出控股股东结构因素与负债比率负相关，公司规模与负债比率显著正相关，公司的盈利能力与负债比率呈显著负相关，公司的成长性与负债比率正相关，但回归系数远小于其他显著性影响因子，股权流通性与负债比率负相关，公司负债税盾与其负债水平正相关，而非负债类税盾与其负债水平负相关。唐楚生(2006)围绕如何优化我国农业上市公司资本结构这一主题展开分析，认为农业上市公司资本结构存在资产负债率较低、负债结构不合理等缺陷，农业上市公司存在强烈的股权融资偏好，资本结构的选择并不与公司价值最大化的目标一致，而是与控股股东和内部人利益一致，并认为农业上市公司资本结构的优化应内外结合，将优化公司内部组织制度同优化外部环境制度有机结合起来。郑家喜、杜长乐(2007)运用多元回归分析的方法得出结论，农业上市公司的资产负债率与公司规模、成长性、实际所得税率和可抵押性呈正相关关系，而与公司的盈利能力、非债务税盾呈负相关关系。

1.3.3 国内外研究评述

国外对于资本结构研究的成果对企业资本结构决策有着重要的指导意义。例如，它从理论上证明了企业确实存在最佳资本结构，为企业最佳资本结构决策及资本结构优化提供了强有力的理论依据。其次，它科学地分析了负债对资本成本和企业价值的影响，证明企业只有适度负债才会使其资本成本最低，市场价值最大。再如，它充分考虑了税收在资本结构中的重要作用，指导企业应充分利用财务杠杆利益，尽可能避免财务杠杆损失。毫无疑问，这些研究结论具有一定程度的一般性指导意义，包括对中国的农业上市公司资本结构政策的制定在内。

但是我们也应该看到，资本结构理论的发展主要是以美国的社会、经济为背景的，由于社会、经济背景上的巨大差异，导致这些理论不一定完全适用于我国的上市公司资本结构决策的指导。一个明显的例子是对融资顺序的优先选择上，中西方就具有明显的差异，以美国为代表的西方上市公司融资时首选内部融资方式，股权融资的方式最后才予以选择，由此形成优序融资理论，而我国的上市公司则有明显的股权融资偏好，并不能完全用西方优序融资理论进行解释。与西方发达国家相比，我国市场机制正处于不断完善的过程中，因此，借鉴西方发达国家资本结构理论的研究方法和思路发展中国的资本结构理论时应该立足于中国国情。

综观现有的文献，可以看出：

(1)国外对资本结构的研究虽然取得了丰硕的成果，但相对缺乏针对农业企业资本结构的研究，在实证研究样本数据的选择上，大多使用整体上市公司的大样本数据，而针对资本市场上所有上市公司资本结构的研究结果对于农业上市公司未必能够起到指导作用。

(2)国内对农业上市公司资本结构的研究同样相对缺乏。从国内有较大影响的专业期刊所搜索到关于资本结构的研究文献，较少有以农业上市公司为研究对象开展研究的。因此，这些研究成果对我国农业上市公司资本结构政策选择的指导意义有待进一步验证。

(3)资本结构理论是建立在诸多假设基础上的，假设不同，得出的结论自然也不同。但资本结构理论所依据的假设条件，往往剔除了社会经济活动中客观存在的一些现实因素，以使其结论在理论上更容易论证。如无公司税的 MM 理论认为资本结构不影响企业价值，该结论的一个前提假设是无税、无交易成本，但现实生活中这些条件并不满足。又如，信号传递理论的关键假设是：企业向外部传递的信息是真实的。然而我国众多的上市公司造假丑闻表明这个假设是不完全成立的。因此有必要在已有的研究基础上进行更接近我国农业上市公司现实的假设，选择合适的变量，进行检验。

1.4 研究思路与研究方法

1.4.1 研究思路

本书按提出问题、分析问题、解决问题的思路进行构架，依据资本结构相关理论，按所研究内容的内在逻辑关系，逐层展开剖析（如图 1-1 所示）。在分析农业上市公司资本结构现状的基础上，找出影响我国农业上市公司资本结构的主要因素，进一步探讨农业上市公司资本结构与绩效、公司治理之间的关系，最后在上述分析的基础上提出优化农业上市公司资本结构的主要途径。

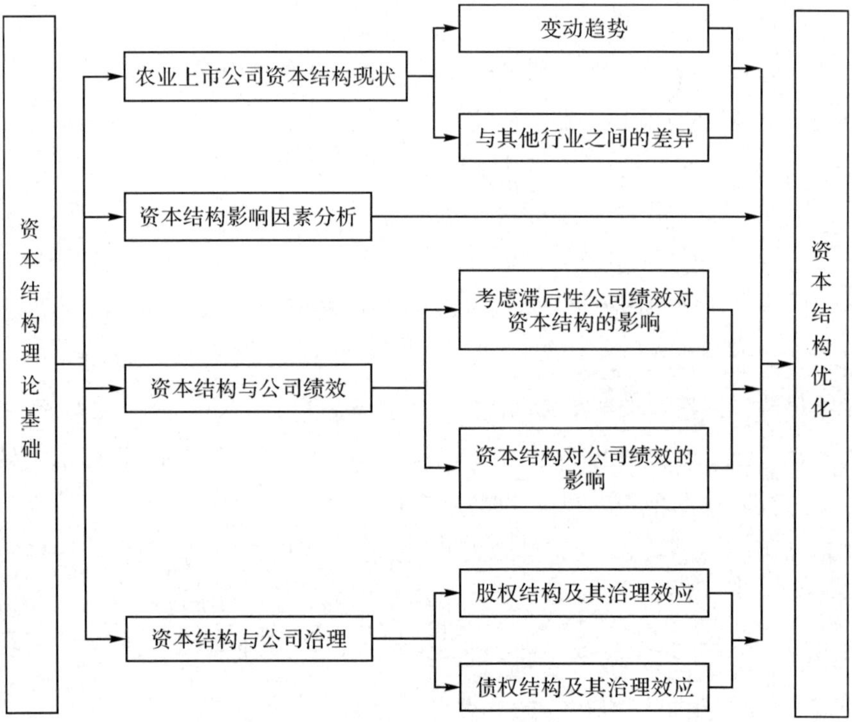

图 1-1 研究思路图

1.4.2 研究方法

本书采用了规范分析和实证分析相结合的研究方法。规范分析和实证分析是相互联系的。规范分析可以从纷繁复杂的表象中总结出内在的规律，为实证分析指引方向，如果没有规范分析的指引，实证分析可能会产生不必要的盲目性。实证分析为理论分析提供了数据源泉，实证分析越是精细，理论分析得到的结论就可能越精细。同时，规范分析的结果也需要实证分析来检验，这与实践是检验真理的唯一标准这一道理是一致的。

本书的综述部分，通过对资本结构理论的回顾归纳了资本结构理论的发展历程。在描述农业上市公司资本结构的状况时，使用了比较分析的方法，对农业上市公司的负债水平做出具体的判断。在分析农业上市公司资本结构与公司治理之间的关系时，运用案例分析法论证农业上市公司资本结构治理存在的缺陷。在分析农业上市公司资本结构现状、影响因素以及与绩效、公司治理之间关系的基础上，运用逻辑演绎的方法推出优化农业上市公司资本结构的措施。

为了证明理论假说，也为了寻找符合农业上市公司实际情况的理论假说，本书采集大量的农业上市公司数据进行实证研究。在分析农业上市公司与其他行业之间的资本结构差异时，使用了 Kruskal-Wallis 检验方法和 Tamhane's T2 法，在探讨资本结构影响因素时采用了列联表行列独立性卡方检验分析法，在研究公司绩效对资本结构的影响时使用了考虑时效滞后性的面板数据模型，在判断资本结构对公司绩效的影响时采用了逐步回归分析的方法，在防范财务风险优化资本结构方面修正运用了 Z 计分模型。在进行相关统计分析时，本书所采用的分析软件主要是 SPSS16、EViews5 和 Excel2003。

1.5　可能的创新与不足

1.5.1 可能的创新

(1)研究发现，农业上市公司资产负债率呈长期上升趋势，其资本结构与多个行业间存在显著差异。农业上市公司无论是上市的数量还是发行股票筹资的金额，在我国各行业的上市公司中均处于较低水平，股票市场的支农力度与农业的基础地位极不相称。从融资结构来看，不能证明农业上市公司具有股权融资偏好，借款是农业上市公司最主要的融资方式，这与一些学者通过上市公司融资结构的变动趋势来证明其股权融资偏好有相悖之处。

(2)农业上市公司资本结构的主要因素是总资产规模。使用列联表行列独立性卡方检验的方法对盈利、规模、成长性、非债务税盾以及资产担保价值等因素进行实证检验,结果表明影响农业上市公司资本结构的主要因素是总资产规模。这与一些学者利用回归分析法所得出的结论不尽一致。

(3)农业上市公司的总负债率和流动负债比率与当期的净资产收益率之间呈现出负相关关系。在研究农业上市公司绩效对资本结构的影响时,考虑到公司绩效与资本结构之间可能的滞后关系,通过面板数据模型的构造解释公司绩效对资本结构的影响,实证分析的结果表明,农业上市公司的长期负债比率与当期、滞后一期及滞后两期的净资产收益率均没什么关系,总负债率和流动负债比率与当期的净资产收益率之间呈现出负相关关系。

(4)农业上市公司的资本结构优化客观上要求其注重财务风险的防范,在应用相关预警模型防范农业上市公司财务风险时应考虑我国的特殊国情以及农业上市公司本身的财务特征。如采用 Z 计分模型,根据实证分析的结果,比较合适的农业上市公司陷入财务危机的判定标准为 $Z<0.3$,极小可能陷入财务危机的判定标准为 $Z>0.7$。这与一般采用的陷入财务危机的判定标准 $Z<1.8$ 和极小可能陷入财务危机的判定标准 $Z>2.675$ 不一致。

1.5.2 研究的局限性

本书在研究过程中,根据前人的研究结果,选择了盈利能力、规模、成长性、非债务税盾、资产担保价值这样一些具有代表性的因素,分析它们与资本结构之间的关系。事实上,资本结构的因素包括但不局限于上述这些因素。对于除了这些因素之外,是否还有影响农业上市公司资本结构的更重大的因素,如宏观经济因素等,本文并未予以论证,这也是需要进一步研究的问题。值得注意的是,各因素与资本结构的关系是受特定时期及环境条件制约的,随着时间的推移和环境的改变,某个因素对资本结构的影响作用也会发生改变,而并不是一成不变的,因此,我们需要从动态的角度去理解各因素与资本结构之间的关系。

本书研究了农业上市公司资本结构的影响因素、资本结构与绩效及公司治理的关系,这些研究主要是站在公司内部角度进行分析的,对于产品市场竞争这一外部因素并未予以考虑，如何将产品市场竞争带来的经营风险置于资本结构决策分析的框架内，以利于农业上市公司做出更加科学的决策，这是需要进一步考虑的。

现代企业的理财环境复杂而多变，客观上要求企业在财务管理领域延伸应用战略管理理论，实施财务战略管理，在服从企业战略的前提下，对各项理财活动进行全局性的和长远性的谋划。资本结构决策是一项重要的理财活动，因此资本结构的战略管理是财务战略管理的一个重要组成部分，如何将农业上市公司的资本结构决策纳入到战略管理的轨道上来也是有待进一步探讨的问题。

资本包括物质资本和人力资本，本书研究的对象是物质资本的结构问题，人力资本的结构问题研究是另一个系统工程，本书未有涉及。

相关概念、理论基础及研究范围

2

第二章

2.1　相关概念

2.1.1 农业上市公司

《上市公司行业分类指引》将所有上市公司归为农林牧渔业、采矿业、制造业、电力燃气及水的生产和供应业、建筑业、交通运输仓储和邮政业、电子信息技术业、批发和零售业、金融业、房地产业、社会服务业、文化体育和娱乐业、综合类等13个行业门类。这里所指的农业上市公司是指《上市公司行业分类指引》中所指的农林牧渔业上市公司。按照中国证券监督管理委员会2001年4月发布的《上市公司行业分类指引》的标准，对所有上市公司进行行业分类，分类方法如下：当公司某类业务的营业收入比重大于或等于50%，则将其划入该业务相对应的类别。当公司没有一类业务的营业收入比重大于或等于50%时，如果某类业务营业收入比重比其他业务收入比重均高出30%，则将该公司划入此类业务相对应的行业类别；否则，将其划为综合类①。

《上市公司行业分类指引》将上市公司的经济活动分为门类、大类两级，中类作为支持性分类参考。凡是门类代码为A的上市公司本书均视为农业上市公司。

2.1.2 资本结构

如图2-1，资本包括物质资本和人力资本，这里研究的是物质资本的资本结构。资本结构有广义和狭义两种划分，广义的资本结构是指企业所有资本的构成及比例关系，尤指债权资本与股权资本之间的比例关系。狭义的资本结构是指长期资本的构成及其比例关系，特别是指股权资本与长期债权资本之间的比例关系。

---

①　详见中国证券监督管理委员会2001年4月3日发布的《上市公司行业分类指引》中“2.2分类方法”。

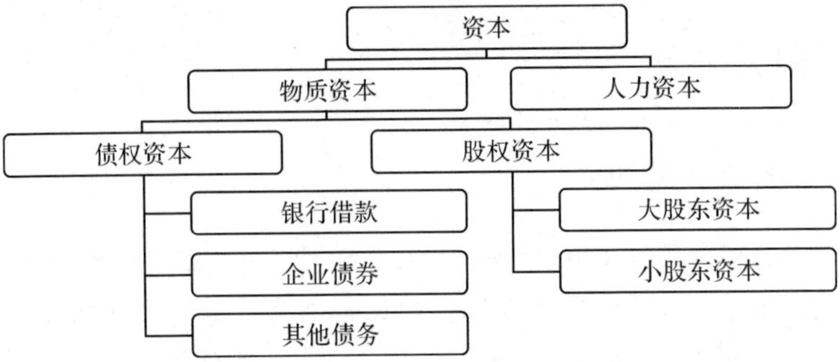

图 2-1 资本的构成

债权资本与股权资本之间的比例关系是从资本的来源属性角度反映资本结构。按照资本的使用期限来区分资本,可以形成资本的期限结构,反映的是长期资金和短期资金的构成及其比例关系。

本书资本结构考虑资本的来源属性和使用期限,从广义角度运用资本结构的概念,用负债比例来进行反映,反映负债比例的指标包括资产负债率、长期负债比率、流动负债比率。

2.1.3 公司治理结构

公司资本结构与治理结构息息相关,正如 Williamson(1988)所言,债券和股票不仅仅可以看作是可供选择的融资工具,而且更可以看作是可供选择的治理结构。李维安(2002)亦论证了企业资本结构影响其治理结构。

公司治理结构的早期含义就是指为保证经理人按股东利益行事的一系列制度和方法,Blair(1995)采用更广的视角来定义公司治理结构,将公司治理结构理解成一整套法律、文化以及制度安排,用以决定公司能做什么、由谁来控制和如何实施控制,以及相应的风险和收益如何分配的问题①。

资本结构的选择本质上是治理结构的选择,而治理结构的优化必然带来资本结构的优化。研究农业上市公司资本结构与治理结构的关系,可以以完善农业上市公司治理结构为途径,达到优化其资本结构的目的,从而实现企业价值最大化。

---

① Margaret M. Blair. Ownership and Control: Rethinking Corporate Governance for the Twenty-First Century. Washington,. D. C. : The Brookings Institution, 1995, pp. 3.

2.2　理论基础

2.2.1 经济人假说

经济人假说是经济学的理论基础，也是研究农业上市公司资本结构问题的理论基础。经济人是追求自身利益最大化的人，人的利己主义天性决定了经济人的行为。经济人所追求的利益不仅局限于经济利益，还包括名誉、地位等非经济尺度衡量的利益，经济人所追求的利益最大化可以理解为一种目标集合的效用最大化。亚当·斯密在《国富论》(1776)中形象地指出，我们不能从屠夫、酿酒家或烤面包师的仁慈，而是从他们的自利考虑，来祈盼我们的晚餐。他进一步指出，职业管理者管理的是别人的钱而不是自己的钱，想要他像照看自己的钱一样热情是不可能的。经济人将任何社会性的合作活动都看成满足自身需要的行为，经济人在追求自身利益最大化的同时，达到了一个并非其本意想达到的目的——实现了社会福利最大化。

新制度经济学否定了完全理性经济人的假设，代之以有限理性经济人的假设。西蒙最早将有限理性概念引入经济学，他认为“行为主体打算做到理性，但现实中却只能有限度地实现理性”(何大安，2004:92)。科斯晚年坚定地反对把人看成是理性效用最大化者(Coase，1984)。

马歇尔论及经济人理性特征时，将其与制度联系起来。他认为，即使生活中纯粹的营业关系也是讲诚实信用的，其中有许多关系即使不讲慷慨，也至少没有卑鄙之心(朱志泰，1964)。

不管是完全理性经济人还是有限理性经济人，他们追求自身利益最大的动机是始终存在的。作为符合经济人假设的股东、经理人和债权人，他们都有自己不同的利益诉求，目标不尽一致。股东追求财富最大化，希望经理人努力工作，在增加股东财富的同时更少地开支享受成本，可能为获取高报酬未经债权人同意而指使经理人将借入资金用于高风险项目。经理人虽不是投资者，但拥有一定的企业控制权，经理人总是尽量规避自身风险，追求自身利益的最大化。债权人则希望自己借出的资金安全并得到按时的还本付息。因此，各方利益冲突导致的代理问题是不可避免需要协调的。

2.2.2 资本结构代理成本理论

Michael C. Jensen 和 William H. Meckling(1976)运用企业理论,结合代理理论和财产所有权理论建立了一种所有权结构理论,他们认为企业不仅要决定负债与权益的比例,还要关注经营者应该持有多少比例的权益这一重大问题。Jensen 和 Meckling 继承了科斯的企业理论,认为企业的本质是一种契约关系,这种契约关系不只包含企业与雇员之间的契约关系,还包括企业与供应商之间、企业与顾客之间、企业与债权人之间等方面的契约关系。Jensen 和 Meckling 认为,认识到大多数的组织只是为一组个人与个人之间的契约关系提供连接服务的法律构造是很重要的(Jensen and Meckling,1976:312)。代理关系也属于契约关系,Jensen 和 Meckling 将代理关系定义为一个或多个人(委托人)使另外的人(代理人)为其利益提供服务的契约,这当中需要授予代理人一定的决策权(Jensen and Meckling,1976:309)。代理关系的各方都想达到效用最大化,因此人们有足够的理由相信代理人不会总是按委托人利益最大化的原则行事。委托人可以通过对代理人恰当的激励来限制其对自身利益的偏离,还可以花费监督成本用于约束代理人的异常行为。另外,委托人会支付给代理人消费资源(代理人的保证成本)以确保代理人不会采取伤害委托人的行为,或确保委托人受到伤害时能够得到补偿。要想不花费任何成本使代理人从委托人的角度进行最优决策一般是不可能的。在大多数的代理关系中,委托人和代理人将会产生监督成本和保证成本。另外,代理人决策和使委托人财富最大化的决策之间还有偏差,这种偏差所导致的委托人财富的减少也是代理关系的成本之一,称为"剩余损失"。于是,出于上述考虑,Jensen 和 Meckling 将代理成本定义为委托人的监督成本、代理人的保证成本和剩余损失的总和(Jensen and Meckling,1976:309)。从本质上看,因为委托人和代理人之间代理关系的存在导致了代理成本的产生。Jensen 和 Meckling 指出,只要还有代理成本,企业的股东就能通过出售股权得到利益,只有在经营者(经理)购入所有股权成为企业的唯一股东时才不会有代理成本的发生。Jensen 和 Meckling 运用代理成本的概念对最优资本结构做出判断:由所有者承担代理成本，站在所有者经理[①]的角度，如果市场是有效的，负债和外部权益对应资产的价格能够反映代理关系所催生的监督成本及再分配的无偏估计，那么在内部权益（这里指经理所持股权）既定的条件下，企业的外部权益资金（指企业外部人员所持股权）占总外部资金来源（指企业外部人员所持股权和债权）的最优比例，应是能使总代理成本最小的那一比例（Jensen and Meckling，1976：358）。他们解释总的代理成本可以分成两个部分，一是股东代理成本——所有者经理"剥削"外部权益资金提供者所产生的代理成本，二是债务代理成本——企业筹集债务资金所产生的代理成本，当外部权益占总的外部资金的比例增加时，股东代理成本随之递增，而债务代理成本则随之递减，总有一个比例能使股东代理成本和债务代理成本的总和达到最小。

在如何降低代理成本方面，Jensen 和 Meckling 指出需要利用监督、控制的手段来约束所有者经理的行为，包括对企业和经理开展审计、建立完善有效的预算制度和控制系统、实施激励补偿机制等方面。

Jensen 和 Meckling 成就了资本结构代理成本理论的开山之作，论证严密，符合不对称信息理论的思维模式，成为资本结构理论的重要组成部分，也为我们分析农业上市公司资本结构与公司治理之间的关系提供了有力的理论支撑。

2.2.3 不对称信息条件下的优序融资理论

因为逐步认识到仅仅停留在对税收利益和破产成本的权衡上并不能令人满意地解释公司资本结构问题，人们开始寻找另外可以用来说明资本结构问题的理论。20 世纪 70 年代后期，由于不对称信息理论的融入使资本结构理论体系焕发出崭新的面貌，这种新的理论观点主要从信号、动机等内在逻辑层面解释资本结构问题，而不只是局限于对税收利益和破产成本等外在影响因素的权衡，资本结构问题本质上被归结为制度设计方面的问题。自此，资本结构理论研究开辟出了一片新的天地。

最早在资本结构理论研究中引入信息不对称理论的是 Hayne E. Leland 和 David H. Pyle（1977），他们认为不对称信息存在于各种市场，资金市场中的借款方比提供借款的另一方更清楚抵押品的质量，更了解借款方

---

① 在此将持有企业股权的经理称之为所有者经理。

自身的管理水平和败德行为的可能性。信息的不对称还表现为公司的管理人员比出资者更了解投资项目好坏的有关“内幕信息”。在信息不对称的条件下,为了顺利筹集到项目所需要的资金,融资方需要向投资方发出信号传递好的信息,使投资方对项目做出正确的价值判断。他们进一步指出,在投资报酬率既定的条件下,公司的负债水平本身就是一种反映风险程度的信号。

Stewart C. Myers(1984)在《资本结构之谜》一文中认为MM定理和权衡理论都没能解释实际的财务行为,他认为投资者之所以关心公司的资本结构,是因为公司在公布资本结构的信息时,股价会随之发生变化,即产生所谓的“信息效应”。在这篇文章里,Myers提出了优序融资理论中融资的一般层次①:(1)在信息不对称的条件下,公司更喜欢内部融资。(2)为了满足投资机会,公司会改变目标股利分配率。(3)令人感到棘手的股利政策、难以预测的收益波动加上难以预料的投资机会,意味着公司内部生成的现金流可能大于或小于投资支出,如果内部生成的现金流小于投资支出的话,公司将首先降低现金结存余额或市场证券投资组合。(4)如果需要外部融资的话,公司将首先选择能最安全发行的证券,也就是先选择发行一般的债券,然后可能选择发行混合证券如可转换债券,最后才可能选择发行股票。按优序融资理论,很难准确界定债务资金和权益资金的目标比例,因为权益资金有两种——内部权益资金和外部权益资金,一个排在融资顺序的顶端,而另一个则排在融资顺序的底端。Myers认为每个公司可以观察到的债务比率都反映了该公司对外部融资的一种累计需求。

Stewart C. Myers和Nicholas S. Majluf(1984)在合作发表的《企业知道投资者所不知道的信息时的投融资决策》文章中详细地阐述了不对称信息条件下的优序融资理论,他们解释信息不对称现象是所有权和经营权相分离所导致的结果,内部的管理人员比外部的投资者更加清楚公司投资收益等方面的真正状况,他们的决策行为所传递的信号成为外部投资者进行投资决策的依据,内部管理者所做出的包括资本结构决策在内的所有决策行为都可能向外部投资者传递其所需的信号。从管理者行为模式的角度考

---

① Stewart C. Myers. The Capital Structure Puzzle. The Journal of Finance, Vol. 39, No. 3, (Jul., 1984), pp. 581.

虑，如果公司的一个投资项目有正的净现值，管理者为维护其所代表的原有股东的利益，将拒绝以发行股票的方式来筹集项目所需要的资金，以避免新项目的收益被新的股东所瓜分。这样看来，如果一个公司选择发行股票来筹资，则意味着投资项目并不一定有正的净现值，将向投资者传递坏的信息，进而导致外部投资者对股价做出错误的低估，抬高了投资项目的筹资成本。Majluf 和 Myers 在比较股票融资和债务融资的市场价值模型后得出结论，认为债务融资情况下的融资不足导致的市场价值损失比股票融资情况下的融资不足所导致的市场价值损失要少，因此债务融资能使公司拥有更大的市场价值。

Mark J. Flannery(1986)研究了不对称信息与风险债务期限之间的关系，他认为公司举借短期债务意味着在不确定的不久将来要再次举债，而举借长期债务则能回避这种不确定性。质量差的公司因为担心未来缺乏举债能力而往往选择举借长期债务，为此将多付利息使公司价值受损。而质量好的公司并不担心未来的举债能力，因而往往选择举借短期债务，以降低利息负担并提高公司价值。于是，在不对称信息条件下，公司举借长期债务的行为将被市场解读为一个不好的消息。

Michael Brennan 和 Alan Kraus(1987)将不对称信息条件下的债务和权益进行比对，认为在信息不对称的条件下，外部投资者不了解公司质量，他们往往按平均质量估计公司价值。高质量的盈利公司会尝试通过举借债务的手段将低质量的亏损公司淘汰掉，获取竞争成功后的好处。Robert Heinkel 和 Josef Zechner (1990)认为，在不对称信息条件下，公司的股东通过其聘请的内部管理者可以准确了解投资项目的净现值，但是外部市场的潜在投资者并没有这方面的可靠信息，他们只能按平均水平来估计投资项目的净现值，这导致净现值为负的投资项目能按被高估的价值多融到资金，因此公司的股东有过度投资的倾向。

Patrick Bolton 和 Xavier Freixas(2000)就股票发行、银行借款和债券发行共同存在相互平衡的金融市场提出了一个信息不对称、没有税收条件下的模型，并提出了两个主要观点：(1)公司在发行股票时面临信息被稀释的成本，公司通过发行债券或银行借款来减少信息被稀释的成本。(2)银行借款比发行债券更具有财务灵活性但成本也更高，因此只有那些对财务灵活性要求十分高的企业的银行借款才会超过债券发行。

虽然优序融资理论能够解释公司在公布股票发行公告时股价下跌的现象，但是并非所有的实证检验都能够支持该理论。Merton H. Miller 和 Kevin Rock(1985)同样利用不对称信息理论建立模型，但是得到的结论并不相同，他们认为公司对外部资金的利用将向外部投资者传递公司盈利不足、内部资金来源缺乏的信号，不管是股票发行还是债券发行，只要是计划之外的发行都将被市场解读为坏消息，因此也就没有什么外部融资方式的先后顺序需要考虑。虽然结论不同，但不管是 Myers 还是 Miller，他们都肯定了不对称信息对资本结构决策的影响。

尽管有学者论证我国上市公司在融资优序选择上普遍存在股权融资偏好，与西方国家不尽一致，但西方国家在不对称信息条件下所得出的优序融资理论还是能给我们许多有益的启示。农业上市公司普遍因为绩效较差的缘故而达不到增发股票的条件，在没有增发股票的融资方式可供选择的条件下，无论是西方的还是经我国学者实证研究修正后的优序融资理论都具有相同的指导意义。在企业偏好内源融资的优序融资理论指导下，我们有依据假设农业上市公司的负债比率是与其绩效反向变动的。

2.3 研究范围

研究资本结构问题，首先需要搞清楚资本结构的影响因素有哪些，因此资本结构影响因素分析是本书研究范围的一个重要方面。由于资本结构的改变必然导致资金成本的变化从而导致公司绩效的改变，绩效的改变又势必影响到自有资金和借入资金的比例，因此，资本结构与公司绩效之间的关系是本书研究的另一个重要的方面。资本结构可以通过股权和债权的配置发挥协调股东、经理人与债权人之间利益和行为的作用，资本结构的选择从本质上讲是治理结构的选择，而反过来治理结构的改变又会影响到资本结构的选择，治理结构的优化实质上会带来资本结构的优化，因此，本书将资本结构与公司治理之间的关系纳入到资本结构问题的研究范畴。对农业上市公司资本结构影响因素的研究，以及对农业上市公司资本结构与公司绩效、公司治理之间关系的研究，其最终目的是为了寻找优化农业上市公司资本结构的途径，因此对农业上市公司资本结构优化途径的探讨是本书的主要研究范畴。

本章小结

本章对农业上市公司、资本结构、公司治理结构等与研究相关的主要概念进行了界定，经济人假设是本书研究的基础假设，本书对资本结构的研究所依据的理论主要是资本结构代理成本理论和不对称信息条件下的优序融资理论。本书的研究范围主要包括农业上市公司资本结构影响因素，农业上市公司资本结构与公司绩效、公司治理之间的关系，以及农业上市公司资本结构优化的途径。

农业上市公司资本结构现状

3

第三章

3.1 农业上市公司资本结构的制度背景及其环境变迁

不同的国家之间因为经济环境、法律环境以及金融环境的不同导致企业资本结构特征的差异。即使是同一个国家，由于经济制度在不同的历史时期发生的变迁，企业的资本结构特征也会呈现出明显的时代差异。观察我国企业融资方式随经济制度的变迁，有助于理解我国农业上市公司资本结构的现状。

从新中国成立之后到20世纪80年代之前，我国实行的是计划经济体制。从所有制属性看，这一时期的企业是单一的公有制企业，其财务由国家财政统收统支，企业所需要的资金主要由财政以拨款的形式无偿提供，企业的投资活动则由政府计划确定，企业既不是融资的主体，也不是投资的主体。这一时期信贷资金作为财政资金的补充也成为企业资金来源之一。财政资金和信贷资金是分别使用的，财政资金用于满足企业固定资产投资和定额流动资金的需求，而信贷资金则用于满足超定额流动资金的需求。作为企业资金来源的一种补充，信贷资金在企业总资金中的比重是比较少的。

从1979年开始，我国实行以“放权让利”为主导的经济体制改革，收入分配格局发生了重大变化，居民的收入大幅度提高，财政的收入则大幅下降，“拨改贷”政策随之推出，财政不再向国有企业增拨流动资金，而改由银行对国有企业流动资金进行统一管理，并允许银行开办固定资产投资贷款业务。于是，企业资金来源中国家预算内资金的比重逐年下降，而银行贷款的比重则逐年上升，逐渐导致企业对银行的依赖。这可以用全社会固定资产融资中国家预算内资金和国内贷款所占比例一减一增的变化情况加以说明(张昌彩，1998)，见表3-1。

表3-1 全社会固定资产融资中国家预算内资金和国内贷款所占比例(%)

项目	1980	1985	1990	1992
国家预算内资金	30.8	16.0	8.7	4.3
国内贷款	12.6	20.1	19.6	27.4

1992年，党的十四大第一次明确提出了建立社会主义市场经济体制的目标模式。把社会主义基本制度和市场经济结合起来，建立社会主义市场

经济体制，这是一个从我国现实状况出发形成的伟大创举。在社会主义市场经济体制目标模式下，企业主体不再是单一的公有制企业，企业的融资渠道也不再是单一的财政资金和银行信贷资金。围绕社会主义市场经济体制目标模式的建立，货币市场不断完善，企业债券市场、股票市场从无到有逐步壮大发展，信托公司、租赁公司、财务公司等其他金融机构茁壮成长，这些改变为企业提供了前所未有的多元化融资渠道，企业作为独立的投融资主体，势必要考虑能使自身利益最大化的最佳资本结构。

可以说，我国经济体制的变迁从总体上决定了企业资本结构安排的变迁（饶育蕾，2003），上述变迁的过程及主要的特征可以用表 3-2 描述。

表 3-2　我国经济体制、企业融资渠道与资本结构的变迁

经济体制	融资渠道	资本结构
计划经济体制	财政资金为主	无负债或低负债资本结构
转轨经济体制	银行信贷资金为主	高负债资本结构
社会主义市场经济体制	多元化融资渠道	寻求最佳资本结构

农业上市公司作为企业的一个组成部分，可以从其身上找出我国经济体制变迁以及资本结构变迁的影子：计划经济体制时期，单一的国有制导致现在的农业上市公司中国有资本依然占据主导地位；在转轨经济时期，“拨改贷”政策导致企业负债偏高，现代农业上市公司高负债的资本结构一定程度上是对“拨改贷”政策所遗留影响的体现；在社会主义市场经济体制下，多元化的融资渠道必然使农业上市公司与其他企业一样寻求不同属性资本来源之间的均衡，以谋求最佳的资本结构。

3.2　农业上市公司资本结构变动趋势分析

表 3-3 统计了 2000 年至 2009 年沪深两市所有上市公司以及农业上市公司的资本结构情况，样本公司中剔除了 ST、PT 公司和金融类上市公司。图 3-1、图 3-2、图 3-3 根据表 3-3 数据绘制而成。

表 3-3　上市公司资本结构变动趋势(%)

年份	全部上市公司			农业上市公司		
	∑总负债/∑总资产	∑流动负债/∑总资产	∑非流动负债/∑总资产	∑总负债/∑总资产	∑流动负债/∑总资产	∑非流动负债/∑总资产
2000	43.80	35.08	8.72	35.40	32.02	3.38
2001	46.50	35.55	10.95	42.95	37.15	5.80
2002	48.15	36.37	11.78	44.65	39.30	5.35
2003	49.04	36.63	12.41	49.79	43.43	6.36
2004	51.49	38.36	13.13	51.81	46.60	5.21
2005	53.69	40.39	13.30	55.94	49.19	6.75
2006	54.71	40.39	14.32	54.71	49.87	4.84
2007	52.45	38.79	13.66	56.67	51.06	5.61
2008	54.13	39.09	15.04	51.46	44.52	6.94
2009	57.03	39.95	17.08	53.62	44.85	8.77

资料来源：根据 CCER 提供的数据整理计算。

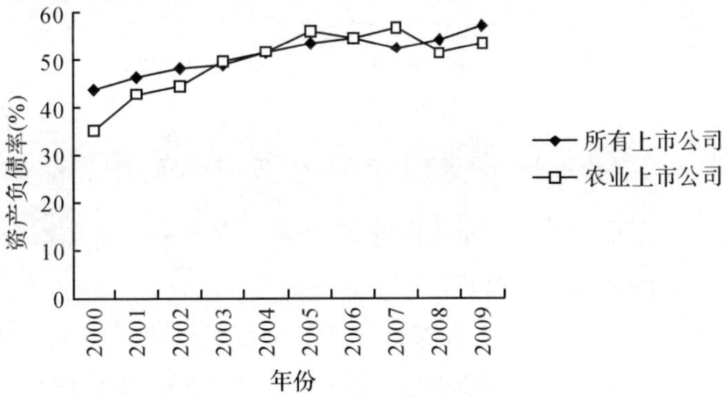

图 3-1　资产负债率变动趋势图

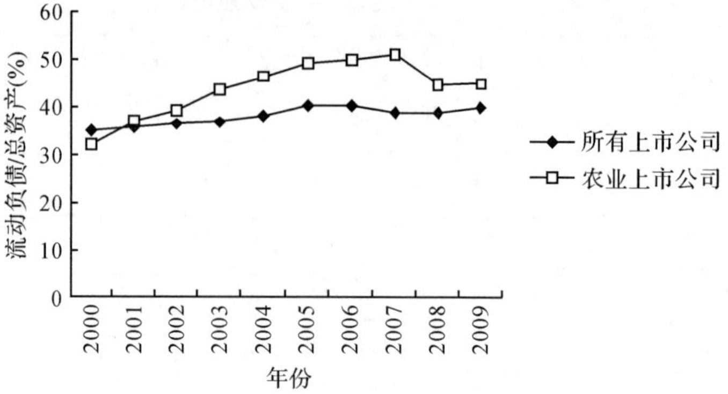

图 3-2 流动负债/总资产变动趋势图

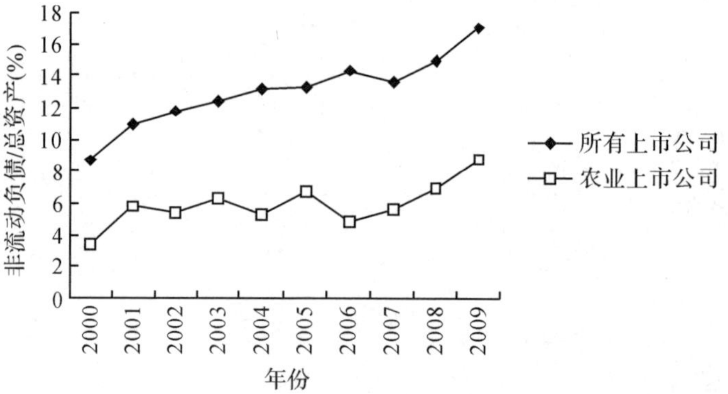

图 3-3 非流动负债/总资产变动趋势图

从表 3-3 数据和图 3-1 可以看出，农业上市公司和所有上市公司一样，十年来资产负债率呈总体上升趋势。这是因为已经发行股票上市的公司随着已募资金的投入使用，加上自身条件及市场条件的限制，在后续融资方式选择上它们只能逐渐倚重负债融资，使得整体资产负债率水平呈上升趋势。在这个过程中，也有新的股票首次发行或增发，带来发行该股票的公司资产负债率下降，同时也会拉动所有上市公司资产负债率平均水平下降，但是相对于已经发行股票在二级市场交易的公司数量来说，新发行股票或增发股票的公司数量毕竟只是占很小的比例，它们对整体平均资产负债率水平的拉低作用并不明显。

从图 3-1 可以看出，与所有上市公司的平均水平相比，农业上市公司的资产负债率有三个阶段的特征：第一阶段，2003 年之前，农业上市公司的资产负债率低于所有上市公司的平均水平，但两者间的差距逐年缩小；第二阶段，2003—2007 年，农业上市公司的资产负债率高于所有上市公司的平均水平；第三阶段，2007 年后，农业上市公司的资产负债率又复归低于所有上市公司的平均水平，并且有差距扩大的趋势。我国"十五"计划（2001—2005 年）提出要加强农业基础地位，指出农业产业化经营是推进农业现代化的重要途径，要求"采取财政、税收、信贷等方面的优惠政策，扶持一批重点龙头企业加快发展"。与此相呼应，从 2004 年开始，我国的中央一号文件连续锁定"三农"问题，体现出我国对农业问题的重视。在此背景下，农业上市公司有了更大力度的信贷支持，资产负债率一路攀升，在 2003 年其资产负债率超过了所有上市公司的资产负债率平均水平，并在 2007 年达到了最高峰（56.67%）。但是资本毕竟有其逐利性，农业上市公司的收益水平普遍较低，在 2008 年全球金融危机爆发的时候，债权人出于规避风险的考虑势必首先选择从收益能力低的企业收回资金，这导致从 2008 年开始，农业上市公司的资产负债率平均水平低于所有上市公司的资产负债率平均水平。

从负债的期限结构看，农业上市公司和所有上市公司都体现出类似的特征，即流动负债占总资产的比重明显高于非流动负债的比重，公司主要依靠流动负债筹集债务资金。我国上市公司从数量及市值角度看，主体构成来自石油化工、机械设备仪表、金属等行业，这些行业固定资产投资额大，中长期借款在债务资金来源中占了较大的比重，使所有上市公司的非流动资产占总资产比重的平均水平被拉高。农业上市公司固定资产投资需求相对而言较低，因此在其负债结构里中长期贷款的比重较低，从而凸显流动负债的占比较高。另外，农业生产通常具有季节性的特点，使得农业上市公司的银行贷款以满足季节性生产的短期流动资金贷款为主。这些因素综合在一起的作用使得农业上市公司的流动负债占总资产的比重这一指标要明显高于所有上市公司的平均水平（如图 3-2 所示），非流动负债占总资产的比重则明显低于所有上市公司的平均水平（如图 3-3 所示）。另外，从表 3-4 反映的我国金融机构短期贷款情况来看，农业贷款在其中的比重逐年上升，反映出金融机构对农业短期贷款的支持力度逐年加大，这也在一定程度上促成农业上市公司的流动负债占总资产的比重高出所有上市公司的平均水平。

表 3-4 中国历年金融机构人民币短期贷款统计(2003—2009)(年底余额)[①]

项目	2003	2004	2005	2006	2007	2008	2009
短期贷款(亿元)	83661	86841	87449	98534	114478	125216	146611
其中:农业贷款	8411	9843	11530	13208	15429	17629	21623
农业贷款占比(%)	10.05	11.33	13.18	13.40	13.48	14.08	14.75

在利率上调、缩紧银根时,短期的流动负债将首当其冲被债权人收回,而非流动负债则要稳定得多。因此一般而言,偏高的流动负债水平将使农业上市公司的债务资金来源更容易受市场环境变化的影响。这也从一个角度为2008年金融危机爆发时农业上市公司的资产负债率平均水平比所有上市公司的资产负债率平均水平下降得更快的现象提供了解释。由于农业上市公司流动负债占总资产比重较所有上市公司平均水平大的缘故,使其负债水平更容易受外界环境影响,波动较大,短期内偿债的压力也比较大,所以农业上市公司的债务筹资风险总体上要高于所有上市公司的平均水平。

3.3 各行业上市公司资本结构比较

3.3.1 上市公司数量的行业分布统计

按照中国证券监督管理委员会2005年3月25日发布实施的《上市公司分类与代码》的规定,对于非股权投资类上市公司以公司经会计师事务所审计的年度合并报表中的营业收入比重为分类指标,对于股权投资类上市公司则以公司长期股权投资占总资产的比重为分类指标。《上市公司分类与代码》将上市公司的经济活动分为大类、中类两级,小类为支持性分类参考,不进行具体划分。其中大类的确定方法为:(1)当某公司的长期股权投资金额达到或超过总资产的50%时,将其划入综合类。(2)当某公司的长期股权投资金额未达到总资产的50%时,若该公司某类业务的营业收入比重大于或等于50%,则将其划入该业务相对应的类别;若该公司没有一类业务的营业收入比重大于或等于50%,但某类业务营业收入比重比其他业

① 摘编自《中国统计摘要2010》。

务收入比重均高出30%，则将该公司划入此类业务相对应的类别；否则，将其划为综合类。

《上市公司分类与代码》将所有上市公司归为13个大类：农林牧渔业(A)、采矿业(B)、制造业(C)、电力燃气及水的生产和供应业(D)、建筑业(E)、交通运输仓储和邮政业(F)、电子信息技术业(G)、批发和零售业(H)、金融业(I)、房地产业(J)、社会服务业(K)、文化体育和娱乐业(L)和综合类(Z)。表3-5是2008年年末按13个大类反映的上市公司数量行业分布情况以及该年IPO筹资额行业分布情况的统计结果。从占比数据来看，农业上市公司无论是上市的数量还是发行股票筹资的金额，在我国上市公司总体中所占的比重还是比较低的。

表3-5　2008年上市公司数量及IPO筹资额行业分布统计①

行业门类(代码)	上市公司数量	占总数(%)	IPO筹资额(万元)	占总额(%)
农林牧渔业(A)	39	2.40	28647	0.28
采矿业(B)	36	2.22	4476427	43.28
制造业(C)	953	58.65	2777622	26.85
电力燃气及水的生产和供应业(D)	65	4.00	105900	1.02
建筑业(E)	36	2.22	2224600	21.51
交通运输仓储和邮政业(F)	66	4.06	0	0.00
电子信息技术业(G)	103	6.34	157498	1.52
批发和零售业(H)	96	5.91	310664	3.00
金融业(I)	27	1.66	0	0.00
房地产业(J)	67	4.12	163512	1.58
社会服务业(K)	51	3.14	52163	0.50
文化体育和娱乐业(L)	13	0.80	46766	0.45
综合类(Z)	73	4.49	0	0.00
合计	1625	100.00	10343799	100.00

① 摘编自《中国证券期货统计年鉴2009》。

3.3.2 各行业资本结构指标描述性统计

在上述行业分类基础上，对农业上市公司和其他行业上市公司的资本结构进行描述性统计分析。《上市公司分类与代码》是2005年3月颁布执行的，因此选择2005—2009年的资本结构数据进行统计分析，以保证从数据库中所获得的行业归属方面的数据能符合所颁布的标准，所有的原始数据来源于CCER数据库，所用数据按以下标准进行筛选：其一，由于金融行业资本结构的特殊性，在进行资本结构描述性统计时将其剔除在外。其二，剔除ST、PT类上市公司以及资产负债率大于1的上市公司的数据，因为这些上市公司的负债结构畸高，会对资本结构指标的统计结果带来异常影响。

资本结构可以用以下三个指标度量：(1)资产负债率(TLAR)＝总负债/总资产；(2)流动负债总资产比率(CLAR)＝流动负债/总资产；(3)长期负债总资产比率(LLAR)＝非流动负债/总资产。经过筛选后，得到2005年至2009年包含这三个资本结构度量指标的6808个上市公司个案，其描述性统计结果如表3-6、表3-7和表3-8所示，并根据这三张表的统计结果分别绘成图3-4、图3-5和图3-6。

表3-6 分行业资产负债率描述性统计

行业代码	项目	2005年	2006年	2007年	2008年	2009年	合计
A	均值	0.4962	0.4703	0.5074	0.4463	0.4728	0.4790
	标准差	0.2195	0.1976	0.1778	0.1554	0.1594	0.1827
B	均值	0.4283	0.4513	0.4429	0.4096	0.4485	0.4360
	标准差	0.1411	0.0986	0.1247	0.1480	0.1596	0.1380
C	均值	0.4912	0.4974	0.4786	0.4736	0.4602	0.4790
	标准差	0.1764	0.1702	0.1697	0.1840	0.1970	0.1810
D	均值	0.4848	0.5111	0.5171	0.5935	0.5969	0.5413
	标准差	0.2082	0.1949	0.1755	0.1712	0.1769	0.1901
E	均值	0.6518	0.6474	0.6836	0.6989	0.6878	0.6762
	标准差	0.1031	0.1305	0.1176	0.1046	0.1377	0.1207
F	均值	0.3907	0.4143	0.4174	0.4258	0.4112	0.4123
	标准差	0.2197	0.2227	0.2128	0.2141	0.2013	0.2129

续表

行业代码	项目	2005 年	2006 年	2007 年	2008 年	2009 年	合计
G	均值	0.4870	0.4472	0.4267	0.3892	0.3522	0.4134
	标准差	0.1804	0.1925	0.1788	0.1800	0.1948	0.1914
H	均值	0.5753	0.5558	0.5639	0.5543	0.5576	0.5614
	标准差	0.1757	0.1593	0.1653	0.1769	0.1864	0.1726
J	均值	0.5577	0.5674	0.5606	0.5619	0.5927	0.5691
	标准差	0.1605	0.1658	0.1643	0.1605	0.1556	0.1606
K	均值	0.4401	0.4517	0.4396	0.4582	0.4385	0.4456
	标准差	0.2014	0.1973	0.1841	0.1749	0.1979	0.1893
L	均值	0.4451	0.3442	0.3795	0.3707	0.3530	0.3755
	标准差	0.1754	0.1501	0.1609	0.1778	0.1794	0.1666
Z	均值	0.5692	0.5604	0.5513	0.5149	0.5231	0.5444
	标准差	0.1725	0.1650	0.1749	0.1798	0.1858	0.1757
所有行业合计	均值	0.4996	0.5007	0.4896	0.4847	0.4739	0.4888
	标准差	0.1848	0.1790	0.1774	0.1881	0.2013	0.1872

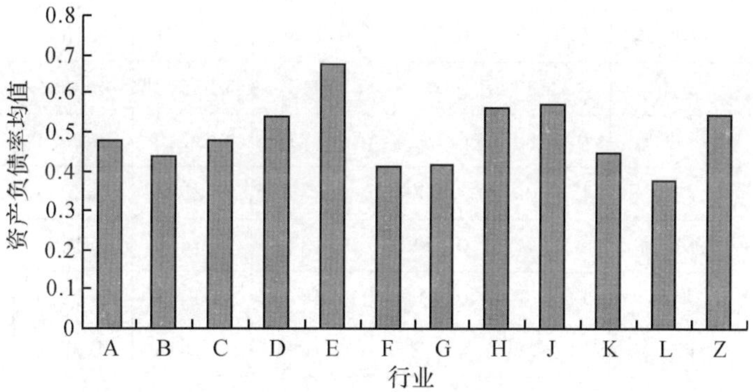

图 3-4　各行业资产负债率均值图

表 3-7　分行业流动负债总资产比率描述性统计

行业代码	项目	2005 年	2006 年	2007 年	2008 年	2009 年	合计
A	均值	0.4456	0.4241	0.4659	0.3925	0.3984	0.4255
	标准差	0.2213	0.1944	0.1788	0.1391	0.1455	0.1787

续表

行业代码	项目	2005 年	2006 年	2007 年	2008 年	2009 年	合计
B	均值	0.3404	0.3389	0.3115	0.2900	0.3034	0.3131
	标准差	0.1037	0.0780	0.1084	0.1092	0.1109	0.1048
C	均值	0.4297	0.4349	0.4158	0.4114	0.3866	0.4141
	标准差	0.1671	0.1613	0.1604	0.1712	0.1760	0.1685
D	均值	0.2771	0.3083	0.3000	0.3227	0.3148	0.3049
	标准差	0.1387	0.1516	0.1333	0.1256	0.1303	0.1362
E	均值	0.5682	0.5747	0.6022	0.6027	0.5747	0.5852
	标准差	0.1436	0.1501	0.1261	0.1309	0.1439	0.1379
F	均值	0.2473	0.2623	0.2581	0.2615	0.2293	0.2515
	标准差	0.1510	0.1586	0.1520	0.1638	0.1474	0.1541
G	均值	0.4614	0.4197	0.3918	0.3628	0.3191	0.3836
	标准差	0.1724	0.1806	0.1661	0.1757	0.1819	0.1822
H	均值	0.5437	0.5168	0.5166	0.5087	0.4997	0.5170
	标准差	0.1715	0.1548	0.1604	0.1630	0.1824	0.1669
J	均值	0.4755	0.4434	0.4149	0.4193	0.4057	0.4294
	标准差	0.1538	0.1566	0.1432	0.1571	0.1551	0.1543
K	均值	0.3525	0.3619	0.3457	0.3592	0.3361	0.3504
	标准差	0.1783	0.1914	0.1849	0.1749	0.2034	0.1861
L	均值	0.3700	0.2804	0.3363	0.2990	0.2988	0.3147
	标准差	0.1817	0.0895	0.1358	0.1436	0.1363	0.1374
Z	均值	0.5058	0.4984	0.4675	0.4468	0.4225	0.4690
	标准差	0.1736	0.1617	0.1681	0.1618	0.1762	0.1703
所有行业合计	均值	0.4290	0.4263	0.4109	0.4048	0.3817	0.4090
	标准差	0.1794	0.1720	0.1695	0.1747	0.1807	0.1763

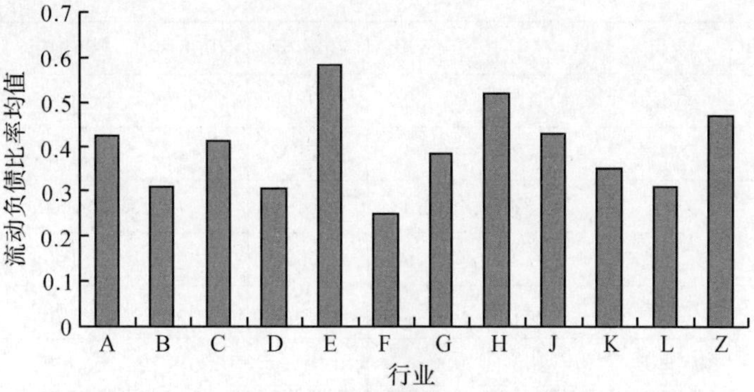

图 3-5　各行业流动负债比率均值图

表 3-8　分行业非流动负债总资产比率描述性统计

行业代码	项目	2005 年	2006 年	2007 年	2008 年	2009 年	合计
A	均值	0.0506	0.0462	0.0415	0.0538	0.0743	0.0535
	标准差	0.0746	0.0658	0.0640	0.0712	0.0871	0.0733
B	均值	0.0880	0.1124	0.1315	0.1196	0.1450	0.1229
	标准差	0.0938	0.0873	0.0920	0.0986	0.1226	0.1021
C	均值	0.0615	0.0625	0.0628	0.0622	0.0736	0.0649
	标准差	0.0844	0.0839	0.0774	0.0832	0.0951	0.0855
D	均值	0.2077	0.2027	0.2171	0.2708	0.2821	0.2364
	标准差	0.1639	0.1617	0.1528	0.1722	0.1691	0.1665
E	均值	0.0836	0.0728	0.0814	0.0963	0.1130	0.0910
	标准差	0.0921	0.0881	0.0829	0.0928	0.1019	0.0923
F	均值	0.1433	0.1520	0.1594	0.1643	0.1819	0.1608
	标准差	0.1387	0.1505	0.1512	0.1422	0.1677	0.1504
G	均值	0.0256	0.0275	0.0350	0.0264	0.0331	0.0298
	标准差	0.0424	0.0404	0.0531	0.0411	0.0629	0.0501
H	均值	0.0316	0.0390	0.0473	0.0456	0.0579	0.0444
	标准差	0.0481	0.0558	0.0623	0.0656	0.0745	0.0624
J	均值	0.0822	0.1241	0.1457	0.1426	0.1869	0.1398
	标准差	0.0742	0.1189	0.0981	0.0936	0.1156	0.1070

续表

行业代码	项目	2005 年	2006 年	2007 年	2008 年	2009 年	合计
K	均值	0.0876	0.0898	0.0939	0.0990	0.1025	0.0952
	标准差	0.1272	0.1067	0.1103	0.1174	0.1287	0.1176
L	均值	0.0751	0.0638	0.0433	0.0717	0.0541	0.0608
	标准差	0.0979	0.1097	0.0570	0.0983	0.1054	0.0927
Z	均值	0.0634	0.0620	0.0838	0.0681	0.1006	0.0754
	标准差	0.0934	0.0847	0.1039	0.0821	0.1091	0.0958
所有行业合计	均值	0.0705	0.0744	0.0787	0.0799	0.0922	0.0798
	标准差	0.0984	0.1004	0.0977	0.1047	0.1160	0.1045

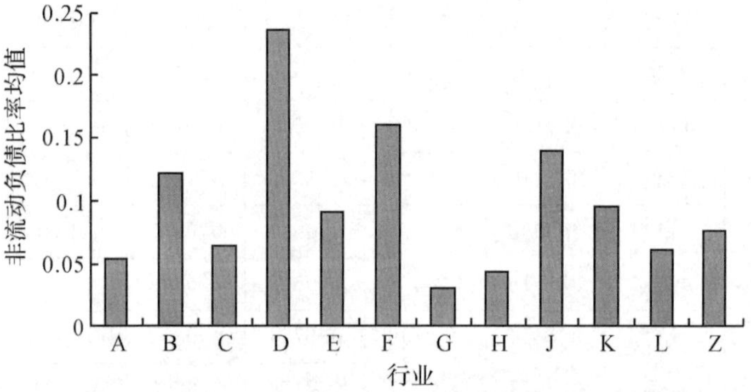

图 3-6 各行业非流动负债比率均值图

从表 3-6 及图 3-4 可以看出，农业上市公司各年的资产负债率均值水平为 47.9%，在所统计的 12 个行业门类中排名第六，处于居中水平。资产负债率均值水平最高的前三个行业依次为建筑业、房地产业、批发和零售业，资产负债率均值水平都在 50%以上，其中建筑业的资产负债率均值水平为 67.62%。文化体育和娱乐业上市公司的资产负债率均值最低，为 37.55%。可以直观地看出，一些行业之间的资本结构差异是比较明显的。所有的上市公司资产负债率均值水平为 48.88%，与西方发达国家相比，这一负债水平是偏低的。根据有关文献的统计，1991 年时，美国、日本、德国、法国、意大利、英国、加拿大七国的资产负债率平均水平分别为 66.1%、

66.8%、72%、68.8%、67.4%、57.8%和 60.3%[①]。

从表 3-7 及图 3-5 可以看出，农业上市公司各年的流动负债比率均值水平为 42.55%，在所统计的 12 个行业门类中排名第五，也处于中等水平。流动负债比率均值水平最高的前三个行业依次为建筑业、批发和零售业、综合类，最低的则是交通运输仓储和邮政业。

从表 3-8 及图 3-6 可以看出，农业上市公司各年的非流动负债比率均值水平为 5.35%，在所统计的 12 个行业门类中排名第十，处于较低水平。非流动负债比率均值水平最高的前三个行业依次为电力燃气及水的生产和供应业、交通运输仓储仓邮政业、房地产业，最低的则是电子信息技术业。

3.3.3 资本结构行业差异实证检验

采用 Kruskal-Wallis 检验方法对按行业分组的资产负债率、流动负债比率和非流动负债比率进行非参数检验，检验结果如表 3-9 所示，所有的 Kruskal-Wallis 检验统计量都在 1%的水平上显著，表明不同行业的资产负债率、流动负债比率和非流动负债比率存在显著的差异。

表 3-9　按行业分组的资本结构指标 Kruskal-Wallis 检验统计量

年份		2005	2006	2007	2008	2009
资产负债率	卡方检验值 (Chi-Square)	79.120	75.924	106.316	133.946	173.909
	P 值(Asymp. Sig.)	0.000	0.000	0.000	0.000	0.000
流动负债比率	卡方检验值 (Chi-Square)	181.622	155.631	176.440	160.697	166.016
	P 值(Asymp. Sig.)	0.000	0.000	0.000	0.000	0.000
非流动负债比率	卡方检验值 (Chi-Square)	111.916	117.359	167.076	214.715	231.582
	P 值(Asymp. Sig.)	0.000	0.000	0.000	0.000	0.000

为了检验行业间资本结构指标的显著差异是否普遍存在或哪些行业的资本结构指标均数存在差异，利用 2009 年的数据对各行业门类进行成对多重比较。首先对样本数据进行方差齐性检验，结果如表 3-10 所示。资本结

① Rajan and Zingales. What Do We Know about Capital Structure? Some Evidence from International Data, Journal of Finance, 1995(5): 1428.

构各项指标的检验统计量 P 值均小于 0.05，可认为方差不齐。

表 3-10　行业门类方差齐性检验

	Levene Statistic	df1	df2	Sig.
资产负债率	2.526	11	1552	0.004
流动负债比率	9.959	11	6796	0.000
非流动负债比率	91.966	11	6796	0.000

在方差不齐的情况下，可以使用 Tamhane's T2 法进行行业门类间的配对比较，输出的结果如表 3-11、表 3-12 和表 3-13 所示。表 3-11 所列的数字是样本行业间两两比较的资产负债率均值差异的统计显著性 P 值。从表中数据可以看出，有多个行业间均值差异在 5% 水平下显著，而且这种两两比较的显著性差异较广泛地存在于多个行业之间，在 66 个成对比较值中有 29 个在 5% 水平下显著。表 3-12 显示，在 66 个成对比较值中有 50 个在 5% 水平下显著，表明流动负债比率的差异更广泛地分布于不同的行业之间。表 3-13 显示，在 66 个成对比较值中有 47 个在 5% 水平下显著，表明非流动负债比率的差异也广泛地分布于不同的行业之间。

表 3-11　2009 年行业门类间资产负债率均值差异统计显著性 P 值

行业代码	A	B	C	D	E	F	G	H	J	K	L	Z
A	—											
B	1.000	—										
C	1.000	1.000	—									
D	0.056	0.004*	0.000*	—								
E	0.000*	0.000*	0.000*	0.272	—							
F	0.999	1.000	0.987	0.000*	0.000*	—						
G	0.038*	0.229	0.000*	0.000*	0.000*	0.983	—					
H	0.645	0.098	0.001*	1.000	0.002*	0.001*	0.000*	—				
J	0.041*	0.002*	0.000*	1.000	0.084	0.000*	0.000*	1.000	—			
K	1.000	1.000	1.000	0.002*	0.000*	1.000	0.513	0.047*	0.001*	—		
L	0.962	0.999	0.973	0.272	0.001*	1.000	1.000	0.094	0.025*	1.000	—	
Z	1.000	0.930	0.576	0.000*	0.000*	0.099	0.000*	1.000	0.774	0.779	0.347	—

* 表示在 5% 水平下显著

表 3-12　2009 年行业门类间流动负债比率均值差异统计显著性 P 值

行业代码	A	B	C	D	E	F	G	H	J	K	L	Z
A	—											
B	0.000*	—										
C	1.000	0.000*	—									
D	0.000*	1.000	0.000*	—								
E	0.000*	0.000*	0.000*	0.000*	—							
F	0.000*	0.000*	0.000*	0.000*	0.000*	—						
G	0.584	0.000*	0.068	0.000*	0.000*	0.000*	—					
H	0.000*	0.000*	0.000*	0.000*	0.000*	0.000*	0.000*	—				
J	1.000	0.000*	0.999	0.000*	0.000*	0.000*	0.018*	0.000*	—			
K	0.006*	0.659	0.000*	0.138	0.000*	0.000*	0.883	0.000*	0.000*	—		
L	0.001*	1.000	0.001*	1.000	0.000*	0.279	0.140	0.000*	0.000*	1.000	—	
Z	0.553	0.000*	0.000*	0.000*	0.000*	0.000*	0.000*	0.012*	0.158	0.000*	0.000*	—

*表示在 5%水平下显著

表 3-13　2009 年行业门类间非流动负债比率均值差异统计显著性 P 值

行业代码	A	B	C	D	E	F	G	H	J	K	L	Z
A	—											
B	0.000*	—										
C	0.983	0.000*	—									
D	0.000*	0.000*	0.000*	—								
E	0.005*	0.290	0.035*	0.000*	—							
F	0.000*	0.131	0.000*	0.000*	0.000*	—						
G	0.015*	0.000*	0.000*	0.000*	0.000*	0.000*	—					
H	1.000	0.000*	0.000*	0.000*	0.000*	0.000*	0.013*	—				
J	0.000*	1.000	0.000*	0.000*	0.000*	0.962	0.000*	0.000*	—			
K	0.002*	0.723	0.015*	0.000*	1.000	0.000*	0.000*	0.000*	0.001*	—		
L	1.000	0.013*	1.000	0.000*	0.969	0.000*	0.833	1.000	0.000*	0.867	—	
Z	0.350	0.000*	0.985	0.000*	0.998	0.000*	0.000*	0.000*	0.000*	0.939	1.000	—

*表示在 5%水平下显著

3.4 农业上市公司融资行为分析

3.4.1 农业上市公司融资行为结构分析

农业上市公司融资行为表现为对融资方式的选择，包括对吸收直接投资、发行股票等权益融资方式以及发行债券、银行借款等债务融资方式的选择。公司的融资行为带来了资金的流量，这些动态的流量积累形成了静态的资本结构。可以说资本结构是由融资行为决定的，因此对农业上市公司融资行为进行分析有助于更好地认识农业上市公司的资本结构。

通过与所有上市公司的情况进行比较，可以揭示农业上市公司在融资行为上的特征。对2000—2009年各上市公司现金流量表年报中“筹资活动现金流入”的各明细项目金额进行统计，可以反映出上市公司融资行为的结构状况，如表3-14所示。依据农业上市公司现金流量表对其不同融资行为的融资金额进行单独统计，所得数据见表3-15。

表3-14 2000—2009年上市公司不同融资行为融资金额占比(%)①

项目	2000年	2001年	2002年	2003年	2004年	2005年	2006年	2007年	2008年	2009年	合计
样本数	996	1065	1107	1129	1212	1223	1261	1345	1415	1564	—
权益融资	25.62	13.07	7.31	6.30	6.21	3.29	7.45	10.13	6.60	7.46	7.89
借款	72.13	85.74	91.50	91.21	91.88	94.24	89.03	80.81	88.44	86.68	87.42
发行债券	2.08	0.00	0.16	0.00	0.40	0.00	1.41	0.00	0.06	3.57	1.04
其他	0.17	1.19	1.03	2.49	1.51	2.47	2.11	9.06	4.90	2.29	3.65
总计	100	100	100	100	100	100	100	100	100	100	100

① 根据CCER提供的数据加工得到。

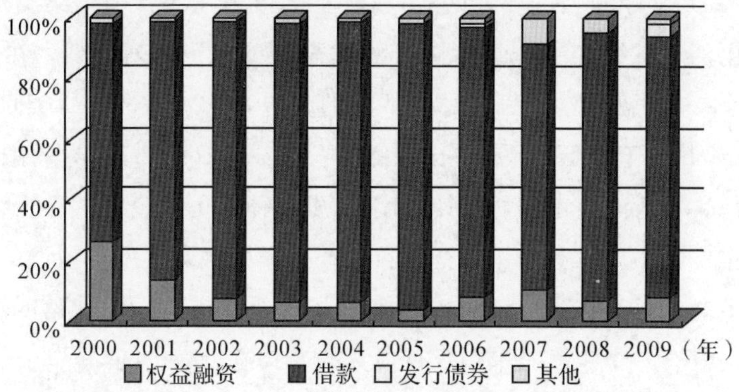

图 3-7　2000—2009 年所有上市公司不同融资方式融资金额占比图

表 3-15　2000—2009 年农业上市公司不同融资行为融资金额占比(%)①

项目	2000 年	2001 年	2002 年	2003 年	2004 年	2005 年	2006 年	2007 年	2008 年	2009 年	合计
样本数	25	27	27	28	33	33	30	31	30	33	—
权益融资	29.69	12.12	17.71	4.59	16.30	3.07	8.04	6.49	10.72	4.72	9.48
借款	54.39	86.77	81.82	94.49	82.01	96.09	87.83	86.12	87.48	94.31	87.43
发行债券	0	0	0	0	0	0	0	0	0	0	0
其他	15.92	1.11	0.47	0.92	1.69	0.84	4.13	7.39	1.80	0.97	3.09
总计	100	100	100	100	100	100	100	100	100	100	100

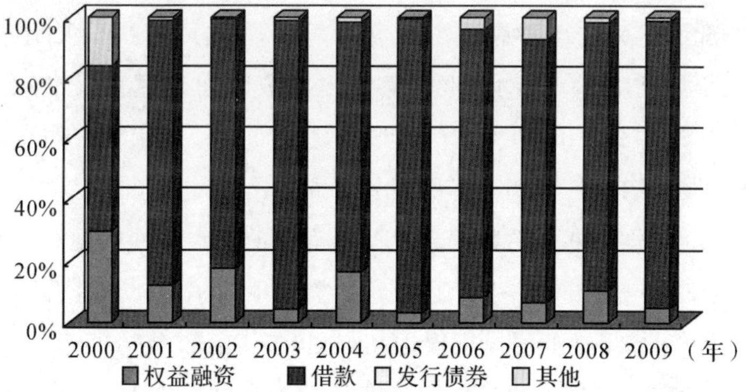

图 3-8　2000—2009 年农业上市公司不同融资方式融资金额占比图

从表 3-14、表 3-15 和图 3-7、图 3-8 可以看出：(1)借款融资比例很高。

① 根据 CCER 提供的数据加工得到。

在2000—2009年间,农业上市公司和所有上市公司统计的结果类似,借款融资的比例一直维持在很高的水平,权益融资的比重相对较低。在2000—2005年间,权益融资的比例呈总体下降的趋势,在2006—2009年间则保持相对稳定,并处于较低水平,占比在4%—11%。(2)发行债券的融资金额占比很低。从所有上市公司统计角度看,发行债券的融资方式很少被使用,有四个年度根本就没有使用发行债券的方式进行融资。发行债券的融资金额占比最高的是2009年,仅为3.57%。从农业上市公司统计角度看,农业上市公司没有一个年度是采用发行债券的方式进行融资的,融资金额为零。

综合来看,农业上市公司和其他上市公司一样,其融资的主要方式还是借款,从融资占比的角度看并未体现出股权融资的偏好,这与目前广泛认同的一般观点不尽一致。黄少安、张岗(2001)曾对1993—1999年所有上市公司的融资行为进行统计,根据这段时间上市公司资产负债率总体下降的趋势得出"我国上市公司股权融资偏好显然存在"的结论。同时,他们还发现在1993年到1997年这五年期间股权融资的比例一直处于较高水平,而1998年和1999年与前五年不同,呈现出高债务融资比例的状况。他们将该现象的原因归结为配股政策的变化。1997年以前,配股政策比较宽松,所有上市公司都可以配股融资,而且配股比例没有限制,宽松的配股政策使上市公司1997年以前呈现出高股权融资的现象。而1997年后,由于出台了有关对配股行为进行限制的政策,作为配股的条件,包括要求净资产收益率连续三年达到10%、本次配股距离上次配股时间超过一年、每次配股的比例不得超过总股本的30%等[①],配股条件的严格使得上市公司在1998年和1999年股权融资的比例下降而债务融资的比例上升了。

但是2000—2009年的数据显然不支持黄少安和张岗的观点。首先,根据统计,在2000—2009年间,上市公司的资产负债率呈总体上升的趋势(如图3-1所示)。如果他们可以根据1993—1999年上市公司资产负债率总体下降的趋势得出"我国上市公司股权融资偏好显然存在"的结论,那么现在是否可以根据2000—2009年间资产负债率总体上升的趋势来判断我国上市公司明显具有债务融资的偏好呢?其次,他们用配股政策的变动来说明

① 黄少安、张岗:《中国上市公司股权融资偏好分析》,《经济研究》2001年第11期。

上市公司权益融资占比的变化，认为在股权融资偏好下之所以上市公司的权益融资比例在1997年之后下降了，其原因是配股政策变严格了。照此推理的话，当配股政策变宽松的时候，权益融资的比例应该上升才对，然而事实并非如此。1999年配股政策放宽了，由原来的连续三年达到10%降低为三年平均不低于10%，最低可低至6%。2001年又进一步放宽配股资格条件，要求净资产收益率三年平均不低于6%。而在配股资格条件不断放宽的这段时间，农业上市公司权益融资占比并没有想象中的上升，相反，农业上市公司权益融资占比从整体上看虽然不是单边下行，却也是波段下行。认为上市公司有股权融资偏好，之所以权益融资比例逐年下降了，推其原因是配股政策变严格了，这本来是可以接受的，但是配股政策变宽松后权益融资比例还是逐年下降，这样还能有坚持上市公司有股权融资偏好的理由吗？

总之，根据统计数据，从农业上市公司或所有上市公司所用的融资方式及其融资金额来看，并不能证明它们有股权融资偏好。对上市公司股权融资偏好的理解应该是从动机的角度去理解，比如它们有强烈的动机增发股票或配股，在有资格增发或配股时绝不会轻易放弃。但这种动机与上市公司权益资金占比水平的高低并没有直接的关系，上市公司融资行为中权益融资占比的高低不能用来证明这种动机的强烈程度。包括农业上市公司在内，几乎所有的上市公司都有强烈的动机增发或配股，但是由于受有关条件的制约，很多上市公司增发或配股的意愿难以实现，借款还是众多上市公司占绝对比重的主要融资方式。

3.4.2 农业上市公司股票融资与债券融资

股票融资和债券融资是两种重要的直接融资方式。对2000—2008年我国有价证券的发行情况进行对比（如表3-16所示），发现这几年我国股票融资的金额不稳定，但总体呈增长的趋势。从发行额来看，我国的债券市场主要以发行国债和政策性金融债券为主，但最近几年企业债券发行额有了快速的增长。

表 3-16　2000—2008 年我国有价证券发行情况统计(单位:亿元)①

年份	上市公司 A 股 IPO 融资	发行企业债券	金融债券	发行国债
2000	812.37	83.00	1645.00	4657.00
2001	534.29	147.00	2590.00	4884.00
2002	516.96	325.00	3075.00	5934.30
2003	453.51	358.00	4561.40	6280.10
2004	353.42	327.00	5008.70	6923.90
2005	56.74	2046.50	6818.00	7042.00
2006	1572.24	3938.30	9520.00	8883.30
2007	4596.62	5058.50	11912.90	23139.10
2008	1034.38	8435.40	10822.98	8558.20

我国的股票市场波动较大,股票融资金额受其影响波动也较大,在股市行情好的年份股票融资额增加,而在股市行情差的年份股票融资额则减少。从表 3-16 中的数据可以看出,在 2007 年股市行情井喷的时候,A 股 IPO 融资额达到了历史最高值 4596.62 亿元,远远超过了其他年份。而在 2005 年行情低迷之时,A 股 IPO 融资额仅为 56.74 亿元。

近年来,随着我国金融市场的发展,原先企业债券市场发展相对滞后的状况有所改观。在 2005 年之前,企业债券发行额落后于同期的 A 股 IPO 融资额。而在 2005 年之后,企业债券发行规模超过了同期的 A 股 IPO 融资额。两者的变动情况如图 3-9 所示。

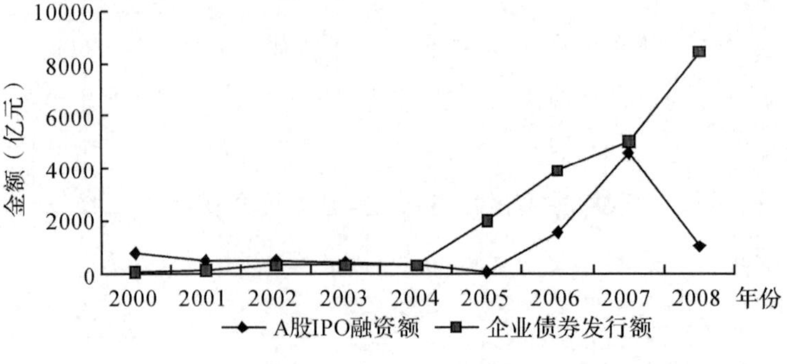

图 3-9　2000—2008 年企业债券发行规模与 A 股 IPO 融资额

① 摘编自《中国证券期货统计年鉴 2009》。

从农业上市公司角度看，其首次发行股票的融资额占所有上市公司首次发行股票的融资额的比重很小(如表3-17所示)，股票市场的支农力度与中央的一号文件很不匹配。2006—2008年间，作为十三个行业门类之一的农业上市公司，其A股IPO融资额占所有上市公司A股IPO融资额的比重连1%都不到，在2007年股市行情如日中天A股IPO创出历史最高值4596.62亿元的时候，农业上市公司的IPO融资额仅有3.46亿元，占比0.08%，几乎可以忽略不计。从表3-17还可以看出，农业上市公司的股票融资和债券融资极不均衡。比起A股IPO的弱势地位，农业上市公司的债券发行则根本无地位可言，各年发行债券的融资额为0。前已述及，在2005年之后，我国的企业债券规模已经超过了股票IPO融资的规模，在这种背景下，农业上市公司的企业债券发行额依然为0。

表3-17　2003—2008年农业上市公司有价证券发行情况统计[①]

年份	农业上市公司A股IPO融资		农业上市公司发行企业债券融资额(亿元)
	融资额(亿元)	占所有上市公司IPO比重(%)	
2003	9.90	2.18	0
2004	17.56	4.97	0
2005	3.67	6.47	0
2006	9.66	0.61	0
2007	3.46	0.08	0
2008	2.86	0.28	0

综上所述，我国上市公司的融资行为具有权益融资比例较低而债务融资比例较高的特征，并且具有直接融资中股权融资比例较高而债券融资比例较低的特点。农业上市公司的融资行为同样具有权益融资比例较低而债务融资比例较高的特征，并且农业上市公司的直接融资行为以股票融资为主，债券融资为0。上市公司有强烈的股权融资的动机，这可以从几乎没有哪家上市公司愿意轻易放弃配股资格中看出，但是从融资结构来看，无论是

① 农业上市公司IPO融资额数据摘编自《中国证券期货统计年鉴2009》对各年A股IPO筹资额行业分布的统计，占比为作者根据有关统计数据自行计算。农业上市公司发行企业债券的数据来自各年农业上市公司现金流量表年报，数据来源于CCER。

所有上市公司还是农业上市公司，都不能证明它们具有股权融资偏好，借款是上市公司最主要的融资方式。

农业上市公司和其他上市公司之所以选择借款作为最主要的融资方式，是因为相对于它们所喜好的股权融资方式来说，借款的取得要容易得多。农业上市公司之所以企业债券发行额为 0，其原因还在于我国债券市场不够均衡，没有全面发展。我国债券市场主要还是国债和金融债券的天下，尽管我国近几年企业债券市场的融资规模空前扩大，但是在我国所发行的企业债券主要服务于大型国有经济单位。我国企业债券发行实行的是政府管制的审批制，根据《企业债券管理条例》的有关规定，企业要发行债券必须经过中国人民银行会同相应的政府计划主管部门审批。这种政府管制的审批制，客观上造成大型的国有性质企业成为企业债券的发债主体。2007年，依据公司法和证券法制订的《公司债券发行试点办法》出台后，为公司债的发展提供了必要的法律保障。该办法规定，发行公司债券的主体包括股份有限公司和有限责任公司，申请发行公司债券必须由保荐人保荐并由证监会核准。这种发行办法使非国有性质的企业发行债券的可能性大大增加，因此公司债较传统的企业债券其发债主体的范围实质上变大了。但是在公司债的发行试点期间，发债主体仅限于上市公司，这导致目前试点期间公司债的发行额还是比较小，拿 2008 年的数据来看，该年总共发行企业债券 8435.40 亿元，其中公司债有 288 亿元，仅占 3.41%。我国早期发行的企业债券因为企业盈利不佳，财务陷入困境导致出现了较多的违约情况，最终由政府代为偿还本息，这使投资者对企业债券投资持有比较谨慎的态度。出于违约风险角度的考虑，在公司债试点期间，债券发行的监管部门自然不会选择盈利能力较弱的农业上市公司试点发行，因此直至目前，农业上市公司债券发行额依然为 0。

本章小结

我国经济体制的变迁从总体上决定了企业资本结构安排的变迁。农业上市公司作为企业的一个组成部分，可以从其身上找出我国经济体制变迁以及资本结构变迁的影子，在社会主义市场经济体制下，多元化的融资渠道必然使农业上市公司与其他企业一样寻求不同属性资本来源之间的均衡，谋求最佳的资本结构。

农业上市公司各年的资产负债率均值水平和流动负债比率均值水平在所统计的12个行业门类中处于居中水平，非流动负债比率均值水平则在所统计的12个行业门类中处于较低水平。农业上市公司和所有上市公司一样，近十年来资产负债率呈总体上升趋势。2008年开始，农业上市公司的资产负债率平均水平低于所有上市公司的资产负债率平均水平。从负债的期限结构看，农业上市公司和所有上市公司都体现出类似的特征，即流动负债占总资产的比重明显高于非流动负债的比重，公司主要依靠流动负债筹集债务资金。农业上市公司的流动负债占总资产的比重高出所有上市公司的平均水平。由于农业上市公司流动负债占总资产比重较所有上市公司平均水平大的缘故，使其负债水平更容易受外界环境影响，波动较大，短期内偿债的压力也比较大，所以农业上市公司的债务筹资风险总体上要高于所有上市公司的平均水平。

从上市公司数量的行业分布情况以及IPO筹资额行业分布情况的占比数据统计结果来看，农业上市公司无论是上市的数量还是发行股票筹资的金额，在我国上市公司总体中所占的比重还是比较低的。农业上市公司首次发行股票的融资额占所有上市公司首次发行股票的融资额的比重很小，这显示出股票市场的支农力度与农业的基础地位是极不相称的。比起A股IPO的弱势地位，农业上市公司的债券发行则根本无地位可言，各年发行债券的融资额为0。

Kruskal-Wallis检验统计结果表明，不同行业的资产负债率、流动负债比率和非流动负债比率存在显著的差异。使用Tamhane's T2法进行行业门类间的配对比较，结果表明显著性差异较广泛地存在于不同行业之间。

资本结构是由融资行为决定的，对农业上市公司融资行为进行分析有助于更好地认识农业上市公司的资本结构。农业上市公司借款融资比例很高，而发行债券的融资金额为0。农业上市公司融资的主要方式还是借款。从农业上市公司或所有上市公司所用的融资方式及其融资金额来看，并不能证明它们有股权融资偏好，对上市公司股权融资偏好应该从动机的角度去理解。

农业上市公司资本结构的影响因素

4

第四章

在前人丰硕研究成果的基础上，资本结构影响因素的研究细化到了农业，对资本结构理论进行了有益的补充。柳松(2005)采用主成分分析法得出控股股东结构因素与负债比率负相关，公司规模、成长性、负债税盾与负债比率正相关，公司的盈利能力、股权流通性与负债比率负相关。唐楚生(2006)采用主成分分析法辨识影响农业上市公司资本结构的因子，得出结论认为现金流量因子与账面资产负债率正相关，税收因子、偿债能力因子与账面资产负债率负相关。郑家喜、杜长乐(2007)运用多元回归分析的方法得出结论，农业上市公司的资产负债率与公司规模、成长性、实际所得税率和可抵押性呈正相关关系，而与公司的盈利能力、非债务税盾呈负相关关系。这些文献对农业上市公司资本结构影响因素的分析采用的是主成分分析结合回归分析的方法。还有一个可供选择的方法是用列联表行列独立性的卡方检验进行农业上市公司资本结构影响因素的分析，与多元回归方法相比，采用卡方检验有两个好处：一是免受多重共线性之困扰，二是不必担心异方差现象(洪锡熙和沈艺峰，2000)。以下将用列联表行列独立性的卡方检验分析农业上市公司资本结构的影响因素，以期待在方法上对现有的农业上市公司资本结构研究进行补充并在结论上做不完全相同的探讨。

4.1　资本结构与各影响因素的度量

结合资本结构影响因素的理论文献，兼顾我国上市公司的信息披露情况，本书选取盈利能力、规模、成长性、非债务税盾和资产担保价值这五个有代表性的因素进行分析。

(1)资本结构：用账面资产负债率度量。用资产负债率表示资本结构一般有账面资产负债率和市场资产负债率两种形式。账面资产负债率等于负债账面价值除以资产账面价值，市场资产负债率等于负债市场价值除以资产市场价值。资产市场价值等于负债市场价值加股权市场价值。由于近年股票市场受多种因素干扰，波动非常大，股票价格不能很好代表公司的内在价值，因此公司的股权市场价值难以确定。另外，根据公开的信息，负债的市场价值也比较难以确定。鉴于计算资产市场价值有效数据获取的困难程度较大，故采用账面资产负债率表示资本结构。

(2)盈利能力：用净资产收益率度量。反映盈利能力的指标有主营业务利润率、总资产报酬率、净资产收益率等指标。公司负债经营的根本目的是为了提高净资产收益率，所以在分析资本结构的盈利能力的影响因素时，选择净资产收益率代表盈利能力。

(3)规模：用总资产度量。在有关的资本结构影响因素研究文献中，通常用总资产或主营业务收入表示公司规模，本书采用总资产表示公司规模因素。Sheridan Titman 和 Roberto Wessels(1988)曾指出，采用主营业务收入或是采用总资产进行模型的参数估计，其结果没有显著差异。

(4)成长性：用总资产增长率度量。公司要以发展求生存，销售增长是无法回避的问题，而销售的增长最终将体现在资产的增长上。资产的增长需要补充资金，这些资金来源的不同势必会影响到资本结构，所以，公司的成长性就用总资产增长率来表示。

(5)非债务税盾：用折旧占总资产比值来度量。固定资产折旧和投资税收优惠等因素具有避税的效果，因为上市公司公开信息的局限性，本书只考虑固定资产折旧因素，以折旧占总资产比值来反映非债务税盾。

(6)资产担保价值：用股东权益度量。该指标反映公司资产担保价值的高低对资本结构的影响。也有的学者用存货与固定资产之和占总资产的比重表示，由于可用于担保的资产并不仅仅只有存货和固定资产，因此用股东权益表示资产担保价值显得更加合适。

在 2006 年之前的国内相关文献中，很多学者将股本结构也作为一个重要的影响因素进行分析，随着股权分置改革的完成，上市公司绝大部分实现全流通，所以没有必要再考虑流通股和非流通股的结构比例因素。

4.2 样本选择、数据来源和研究方法

4.2.1 样本选择与数据来源

本书以沪深交易所 2006 年以前上市的农业类 28 家上市公司为研究对象，本书研究样本所使用的变量数据全部来源于中国经济研究服务中心 CCER 数据库，共有观测值 504 个，限于篇幅，在此不一一列出。为控制重组等非生产经营因素对相关变量产生的重大影响，研究样本中已经剔除了 2006—2008 年间 ST 公司的数据。中福实业尽管目前属于农业类上市公

司，但是该公司 2008 年才完成重大资产重组，主营业务由原来的工程施工承包、房地产开发等转变为造林、营林、林产品加工与销售，因此将该公司排除在样本之外。

由于 2007 年和 2008 年的财务报表按新准则的格式列报，固定资产按净值列报，而不反映累计折旧，CCER 数据库也因此不能提供累计折旧的数据，本书所使用的这两年的累计折旧数据逐个摘自各公司的年度财务报告中关于固定资产及累计折旧的情况说明。

4.2.2　研究方法

采用列联表行列独立性的卡方检验对农业上市公司资本结构的影响因素进行分析。

假设 $H_0: P_{ij}=P_iP_j$，此时行列变量无关联，行的分类独立于列的分类。为了检验假设 H_0 是否成立，需计算卡方值：

$$\chi^2=\sum_{i=1}^{r}\sum_{j=1}^{c}\frac{(O_{ij}-E_{ij})^2}{E_{ij}}$$

其中：$E_{ij}=\frac{R_iC_j}{n}$，R_i 和 C_j 分别为第 i 行和第 j 列的公司合计数，n 为公司总数；O_{ij} 为具有双重特征的实际公司数。若取显著性水平为 α，则当卡方值大于临界值 $\chi^2_{\alpha,(r-1)(c-1)}$ 时，H_0 将被拒绝，表示行变量与列变量之间是相互影响的。对于 2×2 列联表，可以计算 ϕ 系数并用它来表示行变量与列变量之间影响程度的高低：

$$\phi=\pm\sqrt{\frac{\chi^2}{n}}$$

公式中 n 表示样本公司总数。

ϕ 也可以用四格专用公式计算：

$$\chi^2=\frac{(ad-bc)^2\cdot n}{(a+b)(c+d)(a+c)(b+d)}$$

式中，a,b,c,d 为列联表四格中的四个实际频数，a,b 分别为位于第一行的第一列与第二列位置上的频数，c,d 则分别是位于第二行的第一列与第二列位置上的频数。ϕ 的取值在 -1 与 $+1$ 之间，当 ϕ 等于 0 时，行变量与列变量没有关联，ϕ 的绝对值越大，表示变量之间关联程度越高。ϕ 的符号则表示相互关联的方向，符号的正负与 $ad-bc$ 的符号一致。

4.3 各因素对资本结构的影响分析

利用 SPSS16 软件对资产负债率、净资产收益率、总资产、总资产增长率、折旧占总资产的比值以及股东权益等各项指标进行描述性统计，反映其最小值、最大值、均值及标准差，结果如表 4-1 所示。

表 4-1 各项指标描述性统计

	最小值	最大值	均值	标准差
资产负债率	0.0811	0.9730	0.4871	0.1802
净资产收益率	−1.8015	0.4517	0.0354	0.2243
总资产	47587	1049838	221000	205837
总资产增长率	−0.2234	2.1006	0.1424	0.3075
折旧占总资产比值	0.0189	0.2972	0.1206	0.0639
股东权益	1556	493336	104000	84905

以平均资产负债率(0.4871)作为分界点，将所有样本公司分为高负债(>0.4871)和低负债(<0.4871)两类。类似的，影响变量各指标分别以表 4-1 中列示的各自的均值为分界点分成两类。将按资产负债率高低进行的分类分别与按净资产收益率、总资产、主营业务收入增长率、折旧占总资产比值、股东权益所进行的分类进行搭配，得到 5 张 2×2 列联表，如表 4-2—表 4-6 所示。

表 4-2 资产负债率与净资产收益率列联表

项目		资产负债率		
		高负债	低负债	合计
净资产收益率	高盈利能力	27	24	51
	低盈利能力	15	18	33
	合计	42	42	84

表 4-3　资产负债率与总资产列联表

项目		资产负债率		
		高负债	低负债	合计
总资产	规模大	18	7	25
	规模小	24	35	59
	合计	42	42	84

表 4-4　资产负债率与总资产增长率列联表

项目		资产负债率		
		高负债	低负债	合计
总资产增长率	成长性强	16	11	27
	成长性弱	26	31	57
	合计	42	42	84

表 4-5　资产负债率与折旧占总资产比值列联表

项目		资产负债率		
		高负债	低负债	合计
折旧占总资产比值	非债务税盾强	17	17	34
	非债务税盾弱	25	25	50
	合计	42	42	84

表 4-6　资产负债率与股东权益列联表

项目		资产负债率		
		高负债	低负债	合计
股东权益	高资产担保价值	15	20	35
	低资产担保价值	27	22	49
	合计	42	42	84

根据表 4-2—表 4-6 所列的列联表数据，计算出各影响变量指标的卡方值和各自所对应的 ϕ 系数，如表 4-7 所示。

表 4-7 各变量的卡方值和 ϕ 系数

影响变量	卡方值	ϕ 系数
净资产收益率	0.4492	0.0731
总资产	6.8908	0.2864
总资产增长率	1.3645	0.1275
折旧占总资产比值	0	0
股东权益	1.2245	−0.1207

当显著性水平为5%时，卡方界值为：$\chi^2_{0.05,1}=3.8415$。从表4-7反映的卡方值计算结果可以看出，影响农业上市公司资本结构的因素主要就是总资产（其卡方值大于临界值）。从 ϕ 系数计算结果看，农业上市公司资本结构和总资产之间存在正相关的关系。

陆正飞和辛宇（1998）曾以沪市的机械和设备行业上市公司为样本，考虑获利能力、规模、资产担保价值以及成长性等因素，采用多元回归分析的方法得出结论：机械和设备行业上市公司的资本结构与获利能力显著负相关，而与规模、资产担保价值以及成长性等因素没有明显的关联。杨亚达（2002）以钢铁行业重点企业和部分骨干企业为研究对象，也得出结论认为代表盈利能力的资本收益率与资本结构有一定的相关关系。本书的研究是以农业上市公司为样本的，研究结论是农业上市公司的资本结构与规模（总资产）显著正相关，而与盈利能力、规模、成长性、非债务税盾和资产担保价值等因素没有明显的关系。可见，以不同行业为研究对象得到的研究结论不同，这本身印证了不同行业资本结构的影响因素是不同的。

本章小结

在已有文献的基础上，兼顾我国农业上市公司的信息披露情况，本书选取盈利能力、规模、成长性、非债务税盾和资产担保价值这五个有代表性的因素进行分析，并分别用净资产收益率、总资产、总资产增长率、折旧占总资产的比值以及股东权益这五项指标来代替这五个因素，使用列联表行列独立性的卡方检验方法分析它们对资本结构（用资产负债率来代表）的影响，分析结果显示影响农业上市公司资本结构的主要因素是总资产，两者之间存在正相关的关系。

农业上市公司资本结构与绩效

5

第五章

获利是企业的终极目标，然而农业上市公司的绩效普遍偏低，获利的目标不能很好地实现。出于改善资本结构、提高绩效的目的，有必要对资本结构和绩效之间的关系做更深入细致的分析。

5.1　农业上市公司资本结构与绩效关系的初步判断

在此以净资产收益率作为反映企业绩效的指标，用 ROE(Rate of Return on Common Stockholders' Equity)表示。流动负债比率、长期负债比率和总负债率用来反映资本结构，分别以 CLAR(Current Liabilities to Assets Ratio)、LLAR(Long-term Liabilities to Assets Ratio)和 TLAR(Total Liabilities to Assets Ratio)表示，其中流动负债比率为"流动负债/总资产"，长期负债比率为"非流动负债/总资产"，总负债率为"总负债/总资产"。

以沪深交易所 2000 年即已上市的农业上市公司为研究对象，为控制重组等非生产经营因素对业绩、资本结构产生的重大影响，剔除了 2000—2008 年间被 ST 的公司。经筛选后，得到沪深两市 11 家农业上市公司在 2000—2008 年共 9 年的面板数据，合计 396 个观测值。研究样本所使用的 ROE、CLAR、LLAR 和 TLAR 数据全部来源于中国经济研究服务中心 CCER 数据库。

对上述农业上市公司各指标特定期间均值统计结果如表 5-1 所示。

表 5-1　农业上市公司特定期间各指标均值统计

指标	2000 年	2001 年	2002 年	2003 年	2004 年	2005 年	2006 年	2007 年	2008 年
TLAR	0.3072	0.3325	0.4035	0.4019	0.4091	0.4744	0.4791	0.4892	0.5103
CLAR	0.2835	0.2872	0.3481	0.3388	0.3471	0.3905	0.4072	0.4196	0.4414
LLAR	0.0238	0.0454	0.0554	0.0632	0.0621	0.0839	0.0720	0.0697	0.0689
ROE	0.0800	0.0483	0.0030	0.0515	0.0486	0.0424	0.0245	0.0574	−0.0095

依据上表数据可以判断出农业上市公司的总负债当中流动负债占了绝大部分的比例。利用原始数据的汇总数计算出农业上市公司流动负债占总负债的比例为 86.67%，流动负债的高占比决定了总负债将主要表现出流动负债的特征。

将农业上市公司各指标均值数据制成折线图如图 5-1 所示。不难看出，农业上市公司负债率呈上升的趋势。农业上市公司的总负债率从 2000

年的 30.72%逐步上升到 2008 年的 51.03%，给人直观的感觉是其财务状况不容乐观。

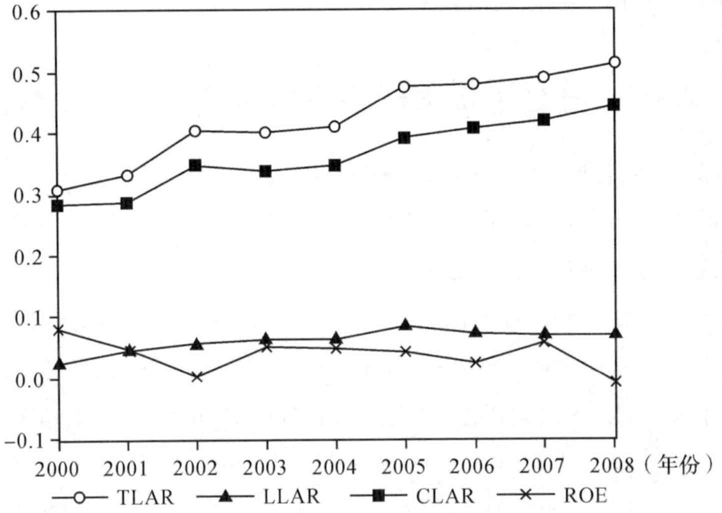

图 5-1　农业上市公司各指标均值 2000—2008 年的变动趋势

2007 年是我国股市井喷的一年，上证指数从 2006 年最后交易日的 2675.47 上升到 2007 年底的 5261.56，由于上市公司之间相互持股关系的广泛存在，导致很多上市公司 2007 年的投资收益随股价的大幅度上扬而激增。若排除这一年，总体上可以从趋势图看出负债率指标的变动方向和净资产收益率的变动方向是相反的，因此初步判断负债率指标与净资产收益率之间存在负相关关系。

5.2　农业上市公司绩效对资本结构的影响实证分析

5.2.1 研究假设

国内外对资本结构的研究取得了丰硕的成果，但针对某个具体行业的资本结构开展的研究相对较少，很多研究结果是建立在使用整体上市公司的大样本数据基础上得到的，对于具体行业的上市公司未必能够起到指导作用。在分析我国农业上市公司资本结构与绩效之间关系的问题上，首先要结合我国的实际来考虑适用的资本结构理论。

按权衡理论，考虑资本结构问题需要在财务拮据成本、代理成本和减税收益之间进行权衡，但对我国上市公司来说，财务拮据和代理成本并不是主要考虑因素。债务融资对企业经营理应有约束作用，如果企业不能按时还本付息，就有可能被债权人要求破产，为了避免这种现象出现，企业的管理者必须努力工作，改善绩效。但在我国，上市公司的破产机制并不完善，债务融资的约束作用不能正常发挥作用，表现在一个应该破产的公司没有依法破产。这是因为上市公司的壳资源非常珍贵，一个经营不善濒临破产的公司往往通过资产重组提升业绩维持上市公司的地位。这样一来，债务比率提高，并不能提高管理者由破产导致的损失的期望值，也不能提高其工作的努力程度，也不能起到改善企业绩效的作用(郑长德，2004)。由于债务融资约束失效，财务拮据和代理成本不是资本结构决策所要考虑的主要因素，所以，权衡理论的指导意义不强，在此不以权衡理论作为研究的指导理论。

西方的信号传递理论是建立在理性经济人假设基础之上的。如果公司的股东主要是个人股东，符合理性经济人的假设，当企业有好的获利项目需要融资时，管理者代表旧股东利益，将不愿发行新股以免把利益转让给新的股东。在管理者的这种行为模式下，公司发行新股将传递坏信息，而增加负债将传递一种好的信息。但农业上市公司的控股股东主要是国有股东，而不是个人股东，这时理性经济人的假设不一定成立，那么增加负债所传递的信息就不一定是好的信息了，甚至可能是相反的。因此，也不以信号传递理论为该项研究的指导理论。

在此研究的理论依据主要是优序融资理论。优序融资理论的主要观点是：企业偏好内部融资，如果需要外部融资，则偏好债务融资。我国的一些研究文献表明，由于发行股票成功后没有法定的支付股利的义务，除发行费之外的资费接近于零，这使得发行股票成为融资方式的首选，至于其他的融资选择排优顺序则与西方的优序融资理论相似。农业上市公司普遍因为绩效较差的缘故而达不到增发股票的条件，在没有增发股票的融资方式可供选择的条件下，无论是西方的还是经我国学者实证研究修正后的优序融资理论都具有相同的指导意义。因此根据优序融资理论提出假设 1：农业上市公司的负债比率与公司绩效负相关。

另外，现有的分析公司绩效对资本结构影响的模型中，对资本结构变动的滞后性考虑不足，一般只利用时间序列数据或是只利用截面数据，容易存在异方差现象，降低了模型的可信度。在上一章中分析资本结构的影响因素时，所考虑的公司绩效因素同样没有考虑资本结构变动反应的滞后性。由于资本结构的调整需要一定的成本和一定的时间，所以提出假设 2：资本结构根据公司绩效变动做出反应的时间有一定的滞后性。

5.2.2 研究方法——面板数据模型的构造选择

在此，分析农业上市公司绩效对资本结构的影响时所用的模型是面板数据模型。面板数据(panel data)是对不同时刻的截面个体做连续观测所得到的数据，包括横截面和时间这两维数据。面板数据模型综合利用样本信息，能同时反映研究对象在时间和截面单元两个方向上的变化规律及不同时间、不同单元的特性，能使研究更加深入(李子奈，叶阿忠，2000)。

单方程面板数据模型的一般形式为：

$y_{it}=\alpha_i+\beta_i x_{it}+\mu_{it} \quad i=1, 2, \cdots, N; t=1, 2, \cdots, T$

其中：x_{it} 为 $1\times K$ 向量，是 K 个解释变量特定时间和特定个体的观测值(K 为解释变量的数目)；β_i 为 $K\times 1$ 向量，是待估参数向量；μ_{it} 为随机扰动项；N 表示面板数据中含有 N 个个体；T 表示时间序列的最大长度。

该模型有以下三种常用的情形：

情形 1：$\alpha_i\neq\alpha_j$，$\beta_i\neq\beta_j$

情形 2：$\alpha_i\neq\alpha_j$，$\beta_i=\beta_j$

情形 3：$\alpha_i=\alpha_j$，$\beta_i=\beta_j$

对于情形 1，横截面除了个体影响不同外，还存在经济结构的不同，在不同的横截面上结构参数是不同的，此情形为变系数模型。对于情形 2，横截面上个体影响不同，但不存在变化的经济结构，此情形为变截距模型。对于情形 3，在横截面上无个体影响、无结构变化，普通最小二乘估计给出了 α 和 β 的一致有效估计，此情形为固定截距模型。

相比较于单独运用时间序列数据或是横截面数据，利用面板数据能够构建更加符合现实情况的模型。但是面板数据模型要运用时间和横截面两维数据，如果上述三种情形的模型选择设定不合理的话，所造成的偏差反而会更大。因此构建面板数据模型的一个重要步骤是检验判断所研究的问题属于哪一种情形，也就是要检验刻画被解释变量 y 的参数在所有横截面样本点和时间上是否都是常数。通常通过协方差分析检验两个假设：

假设 1：在不同的横截面样本点上和时间上斜率相同而截距不同。

假设2：截距和斜率在不同的横截面样本点和时间上都相同。

将变系数模型、变截距模型和固定截距模型的残差平方和分别记为 S_1，S_2 和 S_3，按以下公式计算检验假设的 F 统计量：

$$F_1=\frac{(S_2-S_1)/[(n-1)K]}{S_1/[nT-n(K+1)]}\sim F[(n-1)K,n(T-K-1)]$$

$$F_2=\frac{(S_3-S_2)/[(n-1)(K+1)]}{S_1/[nT-n(K+1)]}\sim F[(n-1)(K+1),n(T-K-1)]$$

在给出的显著性水平下，将计算出的F统计量与查F分布表所得到的临界值对比：如果 $F_2<$ 临界值，则接受假设2，采用固定截距模型；如果 $F_2>$ 临界值，且 $F_1<$ 临界值，则拒绝假设2，接受假设1，采用变截距模型；如果 $F_2>$ 临界值，且 $F_1>$ 临界值，则拒绝假设1和假设2，采用变系数模型。

5.2.3 实证分析

5.2.3.1 模型及其F检验

根据面板数据模型理论并考虑到净资产收益率与负债率之间可能的滞后关系，按以下一般模式建立模型：

$$Y_{it}=\alpha_i+\beta_i ROE_{i(t-m)}+\mu_{i(t-m)}，i=1，2，\cdots，N；t=1，2，\cdots，T$$

其中Y表示负债率指标，根据研究内容不同分别为流动负债比率(CLAR)、长期负债比率(LLAR)、总负债率(TLAR)；ROE表示净资产收益率；N表示面板数据中含有N个个体；T表示时间序列的最大长度；m为自变量的滞后期数。考虑到一般情况下，债权人不会根据债务人超过两年的前期业绩来决定是否借贷，所以这里m的最大取值为2，即m=0,1,2,也就是说，建立模型时要分别考虑ROE不滞后、滞后一期、滞后两期这三种情况。

按ROE不滞后、滞后一期、滞后两期这三种情况，分别以CLAR，LLAR，TLAR为被解释变量建立模型，然后对这些方程进行F检验，以确定适用的模型类型。表5-2是农业上市公司所建立方程的F检验结果。

表5-2　农业上市公司面板数据模型的F检验

方程	F1	F2	F1临界值	F2临界值	模型类型
$LLAR_{it}=\alpha_i+\beta_i ROE_{it}+\mu_{it}$	0.805789	16.268683	1.956	1.708	变截距
$CLAR_{it}=\alpha_i+\beta_i ROE_{it}+\mu_{it}$	1.601883	5.385524	1.956	1.708	变截距

续表

方程	F1	F2	F1 临界值	F2 临界值	模型类型
$TLAR_{it}=\alpha_i+\beta_i ROE_{it}+\mu_{it}$	1.513018	8.247667	1.956	1.708	变截距
$LLAR_{it}=\alpha_i+\beta_i ROE_{i(t-1)}+\mu_{it}$	0.808518	24.291527	1.977	1.732	变截距
$CLAR_{it}=\alpha_i+\beta_i ROE_{i(t-1)}+\mu_{it}$	1.337411	5.002834	1.977	1.732	变截距
$TLAR_{it}=\alpha_i+\beta_i ROE_{i(t-1)}+\mu_{it}$	1.093735	7.583894	1.977	1.732	变截距
$LLAR_{it}=\alpha_i+\beta_i ROE_{i(t-2)}+\mu_{it}$	1.351571	27.542952	2.008	1.764	变截距
$CLAR_{it}=\alpha_i+\beta_i ROE_{i(t-2)}+\mu_{it}$	1.726287	5.827909	2.008	1.764	变截距
$TLAR_{it}=\alpha_i+\beta_i ROE_{i(t-2)}+\mu_{it}$	1.768182	8.615253	2.008	1.764	变截距

5.2.3.2 模型回归估计结果

用面板数据建立的模型通常有固定截距模型、变截距模型和变系数模型三种。如果模型适用变系数模型，则解释变量对被解释变量不具有普遍意义的影响，不存在研究价值；如果模型适用固定截距模型或变截距模型，则解释变量对被解释变量具有普遍意义的影响，就可以用这些模型解释净资产收益率对负债率的影响。

根据表 5-2，可判断出对农业上市公司设置的方程均适用变截距模型，进一步方程回归估计的结果如表 5-3 所示（使用 EViews 5 软件分析得到）。

表 5-3 农业上市公司面板数据模型回归估计结果

序号	方程	回归系数	自变量 t 检验伴随概率	调整后 R^2 值
1	$LLAR_{it}=\alpha_i+\beta_i ROE_{it}+\mu_{it}$	−0.0134	0.8216	0.7620
2	$CLAR_{it}=\alpha_i+\beta_i ROE_{it}+\mu_{it}$	−0.2739	0.0564	0.4422
3	$TLAR_{it}=\alpha_i+\beta_i ROE_{it}+\mu_{it}$	−0.2873	0.0607	0.5769
4	$LLAR_{it}=\alpha_i+\beta_i ROE_{i(t-1)}+\mu_{it}$	−0.0078	0.8950	0.8466
5	$CLAR_{it}=\alpha_i+\beta_i ROE_{i(t-1)}+\mu_{it}$	−0.1335	0.4110	0.4539
6	$TLAR_{it}=\alpha_i+\beta_i ROE_{i(t-1)}+\mu_{it}$	−0.1413	0.4124	0.5968
7	$LLAR_{it}=\alpha_i+\beta_i ROE_{i(t-2)}+\mu_{it}$	0.0207	0.7185	0.8680
8	$CLAR_{it}=\alpha_i+\beta_i ROE_{i(t-2)}+\mu_{it}$	−0.0975	0.5277	0.5105
9	$TLAR_{it}=\alpha_i+\beta_i ROE_{i(t-2)}+\mu_{it}$	−0.0769	0.6400	0.6291

对回归系数的显著性进行 t 检验，如果数据不支持虚拟假设，则在虚拟假设下得到的 t 值将会很大，得到这样一个 t 值的概率就很小，就有信心拒

绝虚拟假设。表中各方程的自变量 t 检验伴随概率都比较大，不能在 5%的精确显著性水平上有把握地拒绝“真实 β_i 为 0”的虚拟假设，即不能有把握地认定农业上市公司的负债率与净资产收益率之间的相关关系。其中以长期负债比率为被解释变量的方程 1,4,7，它们的 t 检验伴随概率都比较大，显示长期负债比率无论是与当期的净资产收益率还是与滞后一期或两期的净资产收益率均没有什么关系。

如果放宽精确显著性水平，以流动负债率为被解释变量的方程 2 和以总负债比率为被解释变量的方程 3，它们的自变量 t 检验伴随概率比较小，分别为 0.0564 和 0.0607，可以在 10%的精确显著性水平上通过 t 检验，因此判断农业上市公司的流动负债比率和总负债比率与当期的净资产收益率之间呈现出负相关关系，即研究假设 1 成立。

方程 4—8 的 t 检验伴随概率都比较大，显示负债率与滞后一期或两期的净资产收益率均没有什么关系，这表明前面的研究假设 2 并不成立，这可能是因为农业上市公司的总负债中主要是流动负债，而流动负债比例的调整对公司绩效变化的反应比较快，因此在调整时间上不存在滞后性。

5.3　农业上市公司资本结构对绩效的影响实证分析

5.3.1 农业上市公司净资产收益率和资产负债率的分布状况

前面利用连续若干年观测得到的面板数据分析了农业上市公司绩效指标对资本结构指标的影响，并得出了农业上市公司的长期负债比率与当期、滞后一期及滞后两期的净资产收益率均没什么关系，总负债率和流动负债比率与当期的净资产收益率之间呈现出负相关关系的结论。这只是从一个侧面对农业上市公司的资本结构与绩效之间的关系进行了分析。为了更加全面地了解农业上市公司资本结构与绩效之间的关系，还有必要对资本结构是否影响农业上市公司的绩效进行分析。

绩效指标是反映公司经营业绩和投入产出效率的指标，常用的绩效指标有每股收益、总资产报酬率、净资产收益率、主营业务利润率、托宾 Q 值等，净资产收益率反映了公司资本运营的综合效益，是评价公司自有资本及其积累获取收益能力的最具综合性和代表性的指标，可用它来度量公司的绩效水平。

以 2000—2009 年所有农业上市公司为样本公司，在剔除 ST、PT 公司后，计算出样本公司净资产收益率和资产负债率的加权平均值，并按资产负债率的不同分布区域（间隔 10%）进行列示，如表 5-4 所示。从表 5-4 可以看出，各年度最高的净资产收益率（表中带 * 的数值）最多的落在资产负债率为 20%—30% 的区域，这表明总体上看我国的农业上市公司 20%—30% 的资产负债率水平相对较优。

表 5-4　2000—2009 年农业上市公司净资产收益率和资产负债率的加权平均值分布情况表[①]

年份	项目	0—10	10—20	20—30	30—40	40—50	50—60	60—70	70—80	80 以上
2000	公司数	0	6	5	3	6	4	0	1	0
	ROE(%)	—	6.92	12.85*	9.40	10.48	6.53	—	2.09	—
2001	公司数	0	2	10	3	5	3	4	0	1
	ROE(%)	—	4.99	5.97*	3.40	3.45	5.18	4.18	—	—**
2002	公司数	0	3	3	5	6	6	3	1	0
	ROE(%)	—	4.94*	4.11	4.76	1.86	2.03	4.15	−129.65	—
2003	公司数	1	1	2	5	6	4	8	1	0
	ROE(%)	4.28	2.44	3.18	4.68	7.47	3.33	3.22	13.17*	—
2004	公司数	1	3	4	2	7	6	6	1	3
	ROE(%)	3.01	4.37	5.01	3.55	6.50	3.41	−1.02	8.48*	−34.39
2005	公司数	1	4	1	2	10	6	3	2	5
	ROE(%)	5.66	1.62	10.27*	3.50	3.14	5.05	6.13	−12.39	−165.65
2006	公司数	2	2	3	0	8	5	9	0	1
	ROE(%)	2.22	11.48	5.38	—	1.46	10.40	1.15	—	17.14*
2007	公司数	0	0	6	2	6	6	9	0	2
	ROE(%)	—	—	10.27*	−1.97	4.61	10.08	8.27	—	−94.15
2008	公司数	0	0	6	7	6	3	7	1	0
	ROE(%)	—	—	6.05	3.76	5.18	8.08*	1.07	7.08	—
2009	公司数	1	0	3	7	8	7	4	3	0
	ROE(%)	3.96	—	8.05*	5.70	2.96	3.86	4.83	7.33	—

* 表示年度内各不同资产负债率水平区域中最大的净资产收益率。

* * 此处涉及的公司净利润小于零，净资产为负数，这种情况下计算的净资产收益率反而为正，并无实际意义，不予计算反映。

① 根据 CCER 提供的数据剔除 ST 公司后计算整理。

5.3.2 农业上市公司资本结构影响公司绩效的回归分析

5.3.2.1 变量选择

有关变量的释义见表 5-5 所示。

表 5-5　变量释义

类型	变量名称	名称缩写	计算公式
被解释变量	净资产收益率	ROE	净利润/股东权益
解释变量	资产负债率	TLAR	负债总额/总资产
	流动负债比率	CLAR	流动负债/总资产
	非流动负债比率	LLAR	非流动负债/总资产

5.3.2.2 模型的建立

模型 1：$ROE=\beta_{01}+\beta_{11}TLAR+\varepsilon_1$

模型 2：$ROE=\beta_{02}+\beta_{12}TLAR+\beta_{22}TLAR^2+\varepsilon_2$

模型 3：$ROE=\beta_{03}+\beta_{13}TLAR+\beta_{23}CLAR+\beta_{33}LLAR+\varepsilon_3$

模型 1 检验公司绩效指标与资产负债率之间是否存在线性关系以及资产负债率对公司绩效的影响程度。模型 2 检验公司绩效指标与资产负债率之间是否存在非线性关系，若有，根据模型求出最佳的资产负债率是多少。模型 3 检验资产负债率、流动负债比率与非流动负债比率对公司绩效的影响程度。

5.3.2.3 样本选择

按中国证监会公布的上市公司行业分类标准找出农业上市公司，以 2000—2009 年所有的农业上市公司为样本选择范围，并剔除：(1)ST、PT 公司。ST(Special Treatment)公司是由于其财务状况异常而对其股票交易进行特别处理的公司，PT(Particular Transfer)公司则是按法律规定因为连续三年亏损而被暂停上市，交易所对其股票实施特别转让服务的公司。由于这两类公司财务状况异常，负债水平畸高，在分析资本结构对公司绩效的关系时会带来异常的影响，因此将这些公司的数据剔除。(2)资产负债率大于 1 的公司。这类公司负债水平畸高，也属于异常情况，会对研究结论造成异常的影响，因此也予以剔除。

5.3.2.4 各指标之间的相关分析

利用2000—2009年农业上市公司样本的混合数据列出上述所选择的四个变量之间皮尔逊(Pearson)相关系数矩阵,如表5-6所示。表中数据说明,净资产收益率(ROE)与资产负债率(TLAR)、流动负债比率(CLAR)呈现出负相关关系,但是与非流动负债比率(LLAR)没有显著性关系。另外,表中数据还说明资产负债率与流动负债比率之间存在显著的相关关系。

表5-6 皮尔逊相关系数

	ROE	TLAR	CLAR	LLAR
ROE	1	−0.335**	−0.371**	0.061
TLAR	−0.335**	1	0.922**	0.281**
CLAR	−0.371**	0.922**	1	−0.113
LLAR	0.061	0.281**	−0.113	1

* *标记在 $\alpha=0.01$ 水平上有显著性意义的相关系数(双侧显著性检验)

5.3.2.5 模型检验

利用2000—2009年的截面数据,模型1—3回归分析的结果如表5-7所示。表中数据显示:

(1)模型1在2002年、2004年、2005年、2007年通过了总检验,但在2000年、2001年、2003年、2006年、2008年、2009年未通过总检验。通过总检验的四个年份中,2002年资产负债率(TLAR)的回归系数在显著性水平为5%的情况下通过检验,其余年份的回归系数都在显著性水平为1%的情况下通过了检验,这说明在这些年份农业上市公司的净资产收益率与资产负债率之间存在显著的负线性关系。

(2)模型2在2002年、2004年、2005年、2007年通过了显著性水平为1%条件下的总检验,但2002年和2004年的系数没有在显著性水平为1%的情况下全部通过检验。2005年和2007年的所有系数在显著性水平为1%的情况下全部通过检验,这说明这两年农业上市公司的净资产收益率与资产负债率之间存在显著的二次曲线关系。因此可以利用极值定理求出农业上市公司这两年的最佳资本结构(资产负债率):对模型2求一阶导数并令其等于零,即可解得能使净资产收益率最大的资产负债率。具体数值如表5-7最后一行数据所示。

(3)模型 3 进行多重线性回归分析,建立回归方程所使用的方法是逐步回归法。表 5-7 显示,模型 3 在 2002 年、2004 年、2005 年、2007 年通过了显著性水平为 1%条件下的总检验,并且各年份资产负债率、流动负债比率的回归系数在任何显著性水平上都通过了检验。在逐步回归法下,各年份引入的解释变量并不完全相同,相比较而言,流动负债比率(CLAR)这一变量被引入的次数最多。

表 5-7　净资产收益率与资本结构的回归模型估计结果①

			2000 年	2001 年	2002 年	2003 年	2004 年	2005 年	2006 年	2007 年	2008 年	2009 年
模型 1	常数	系数	0.09	0.044	0.272	0.017	0.218	0.819	0.048	0.367	0.07	0.034
		T	4.457***	2.589**	1.713*	0.56	2.296***	2.843***	1.242	2.369***	0.918	0.588
	TLAR	系数	−0.026	0.015	−0.747	0.046	0.524	−2.115	−0.04	−0.736	−0.119	−0.002
		T	0.628	0.358	−2.155**	0.790	−2.894***	−3.974***	−0.528	−2.55***	−0.738	−0.017
	F 值		0.241	0.128	4.645**	0.625	8.373***	15.792***	0.278	6.504***	0.544	0.000
	R^2		0.01	0.005	0.157	0.023	0.213	0.338	0.01	0.183	0.019	0.000
模型 2	常数	系数	0.018	0.107	−0.5	0.044	−0.106	−0.781	0.086	−0.634	0.172	0.100
		T	0.504	2.408**	−1.495	0.758	−0.671	−2.231***	1.347	−2.108***	0.734	0.802
	TLAR	系数	0.439	−0.344	3.404	−0.104	1.172	5.742	−0.279	3.681	−0.618	−0.329
		T	2.085**	−1.445	2.058*	−0.374	1.654	3.970***	−0.853	3.012***	−0.567	−0.589
	$TLAR^2$	系数	−0.620	0.433	−4.867	0.172	−1.813	−7.848	0.286	−4.306	0.540	0.357
		T	−2.266**	1.527	−2.556**	0.552	−2.465***	−5.627***	0.751	−3.688***	0.463	0.599
	F 值		2.708*	1.234	6.103***	0.457	7.910***	31.541***	0.419	11.464***	0.372	0.179
	R^2		0.198	0.093	0.337	0.035	0.345	0.678	0.03	0.45	0.027	0.012

① 根据 CCER 数据库提供的数据,利用统计分析软件 SPSS16 分析的输出结果整理得到。

续表

			2000 年	2001 年	2002 年	2003 年	2004 年	2005 年	2006 年	2007 年	2008 年	2009 年
模型 3	常数	系数			0.353		0.208	0.771		0.377		0.037
		T			2.570***		2.208***	2.667***		2.719***		0.611
	TLAR	系数						−2.206				
		T						−4.125***				
	CLAR	系数			−1.063		−0.581			−0.823		−0.017
		T			−3.145***		−3.157***			−2.957***		−0.130
	LLAR	系数					0.122	1.838				0.048
		T					0.234	1.170				0.218
	F 值				9.891***		5.175***	8.674***		8.742***		0.036
	R^2				0.283		0.257	0.366		0.232		0.002
最优资产负债率(%)								36.58		42.74		

注：＊＊＊表示检验水平取 α=0.01 时具有显著性；＊＊表示检验水平取 α=0.05 时具有显著性；＊表示检验水平取 α=0.1 时具有显著性。

本章小结

以净资产收益率作为反映企业绩效的指标，用流动负债比率、长期负债比率和总负债率用来反映资本结构，使用面板数据模型分析农业上市公司绩效对资本结构的影响，结果显示长期负债比率无论是与当期的净资产收益率还是与滞后一期或两期的净资产收益率均没有什么关系。流动负债比率和总负债比率与当期的净资产收益率之间呈现出负相关关系，与滞后一期或两期的净资产收益率没有什么关系。这可能是因为农业上市公司的总负债中主要是流动负债，而流动负债比例的调整对公司绩效变化的反应比较快，因此在调整时间上不存在滞后性。

统计结果显示，农业上市公司各年度最高的净资产收益率最多的落在资产负债率为 20%—30%的区域，这表明从总体上看，我国的农业上市公司 20%—30%的资产负债率水平相对较优。

利用 2000—2009 年农业上市公司样本的混合数据，列出净资产收益率、流动负债比率、非流动负债比率和资产负债率四个变量之间的皮尔逊相关系数矩阵，发现净资产收益率与资产负债率、流动负债比率呈现出负相关关系，但是与非流动负债比率没有显著性关系。另外，资产负债率与流动负债比率之间存在显著的相关关系。

以净资产收益率为被解释变量，资本结构指标为解释变量，使用线性模型回归分析的结果显示有的年份农业上市公司的净资产收益率与资产负债率之间存在显著的负线性关系。若使用二次曲线模型进行回归分析，结果则显示有的年份农业上市公司的净资产收益率与资产负债率之间存在显著的二次曲线关系，可以利用极值定理求出农业上市公司这些年份的最佳资本结构（资产负债率）。若采用逐步回归法进行多重线性回归分析，发现各年份引入的解释变量并不完全相同，相比较而言，流动负债比率这一变量被引入的次数最多。

农业上市公司资本结构与公司治理

6

第六章

与独资企业、合伙企业相比，农业上市公司的投资者是分散的，每个股东仅以其出资额为限对公司承担有限责任。公司的一个典型特征是所有权与经营权相分离，即股东与控制公司资产及经营活动的经理人之间的分离。经理人希望在提高股东财富的同时能够更多地增加享受成本，而股东则希望经理人在增加股东财富的同时更少地开支享受成本，即经理人与股东之间存在经理人个人利益最大化与股东财富最大化的矛盾。从公司融资来源属性看，有股权融资和债权融资，其资金提供者分别是股东和债权人，股东可能未经债权人同意要求经理人将债权融资用于更高风险的项目，增加了债权人的风险，或是未经债权人同意举借新债导致旧债价值降低，因而股东和债权人之间也存在着利益冲突。为了避免利益冲突，必须形成一套公司治理结构来制衡利益相关者之间的利益关系。公司治理结构的早期含义就是指为保证经理人按股东利益行事的一系列制度和方法，Blair(1995)采用更广的视角来定义公司治理结构，将公司治理结构理解成为一整套法律、文化以及制度安排，用以决定公司能做什么、由谁来控制和如何实施控制，以及相应的风险和收益如何分配的问题①。

资本结构是公司不同资金来源的价值比例关系，包括内源融资和外源融资的比例关系、股权资本和债权资本的比例关系、股权结构、债权结构等方面的内容，其中股权资本和债权资本的构成及比例是资本结构理论研究的主要对象。资本结构决定了股东和债权人对公司决策产生作用的大小，股东以股东大会或董事会决议的形式将自己的意图传递给公司经理层，债权人则以债务契约中限制性条款的形式将自己的取向表述给公司经理层。也就是说，资本结构可以通过股权和债权的配置及其作用的发挥来协调股东、经理人与债权人之间的利益和行为，资本结构的选择从本质上讲就是治理结构的选择，这正如 Williamson(1988)所言：债券和股票不仅仅可以看作是可供选择的融资工具，而且更可以看作是可供选择的治理结构②。通过资本结构的合理设计，利用不同融资方式的内在特征来协调利益相关者之间的利益冲突，调控他们的行为是资本结构发挥治理作用的主要内容。

---

① Margaret M. Blair. Ownership and Control: Rethinking Corporate Governance for the Twenty-First Century. Washington,. D.C.: The Brookings Institution, 1995: 3.

② Oliver E. Williamson. Corporate Finance and Corporate Governance. The Journal of Finance. 1988, 43(3): 567.

6.1 资本结构对公司治理的影响

6.1.1 资本结构隐含的治理机制

资本结构主要反映的是股权资本和债权资本的价值比例,股权资本和债权资本的提供者即股东和债权人是如何实施自己的控制行为的,这是理解资本结构隐含的治理机制的主要出发点。

6.1.1.1 股权资本的治理机制

股权资本对公司的治理体现在股东所拥有的剩余索取权和控制权上。股东作为公司自有资金的提供者,在公司收入扣除支出后可以按其投入资本享有收益,即股东享有剩余索取权。股东可以按出资比例在股东大会上行使表决权,参与公司重大决策、选择董事会成员并进一步聘请经理人员,实现自己的控制意图,即股东拥有控制权。对于上市公司而言,股东控制权的实施有赖于内部和外部两方面的治理机制。

(1)股权资本的内部治理机制

股权资本的内部治理机制是指股东按照同股同权、一股一票的原则行使投票表决权来实现自己的控制意图。投票权的行使是股东实现控制权的基本形式,股东可以通过收购股份或是联合其他股东的形式获取足够的投票权以改变公司的决策。通过投票权的行使,股东能决定董事会成员,董事会则是实现股东控制权的又一形式。董事会对经理人具有直接控制的作用,而董事会又受控于股东,代表股东的利益,如果经理人出现道德风险或是逆向选择等问题,股东可以通过董事会撤换经理人,实现其对经理人的控制作用。

股权资本内部治理机制的有效性与股权集中度、股东的监督意愿及能力、股东投票的权限等因素有关。如果股权越集中,股东的监督意愿越强烈,监督的能力越强,股东投票的权限范围越大,那么股权资本的内部治理机制就越有效。

(2)股权资本的外部治理机制

股权资本的外部治理机制是指股东通过市场交易形成控制权的转移进而实现自身的利益要求。股东有在市场上转让股票的权利,当内部治理机制不能发挥作用，股东对董事会或经理不能进行有效控制而又对公司的经营状况不满时，股东可以选择退出——抛售公司股票，由外部潜在投资者接管公司。外部潜在投资者通过收购、兼并等方式接管公司后，公司原有的经理人可能会被解聘，丧失其对公司的经营控制权。同样的道理，股东也可以通过收购股票的形式增加对公司的控制权并进一步实现将经营管理权转移到自己满意的经理人身上。这种以市场退出或购并实现控制权转移的市场的存在，对公司的经理人形成巨大的压力，以保证其按照股东利益的要求从事公司的生产经营活动。

股权资本的外部治理机制是通过市场退出或购并实现的，其发挥有效作用的前提条件是要有有效的资本市场。如果资本市场是无效的，不能对公司股票进行合理的定价，即使在股权资本内部治理机制丧失作用的前提下股东也不愿转让股份，那么市场作为股权资本实现外部治理的工具就丧失了其作用，此时股权资本的外部治理机制是无效的。

行使投票表决权、通过董事会监控、选择退出以及通过市场接管就构成了股权治理机制的有机整体。在这一机制实施的过程中，大股东和小股东的选择是不尽一致的，大股东更加主动，小股东则相对要被动得多。对控制权的争夺是针对大股东而言的，因此股权治理机制作用的发挥也主要表现在大股东身上，这种治理机制在小股东身上的主要表现通常是选择市场退出。

6.1.1.2 债权资本的治理机制

债权资本由债权人根据债务契约提供，债权人据此获取固定的利息收益。债权资本的治理机制表现为：在公司正常生产经营的时候债权人没有剩余索取权和控制权，而一旦公司破产清算的时候，剩余索取权和控制权将转移到债权人手中。

投资者只想获取货币收益，企业家则既想获取货币收益又想获取包括个人声誉及职位享受等在内的非货币收益，故企业家往往不愿公司破产。由于企业家和投资者在利益诉求上存在差异，致使债务契约成为公司控制权有效配置的手段，形成债务资本的治理机制。这可以用 Aghion 和 Bolton (1992)不完全合约的二期间模型来说明。

在这个模型中，初始财富为零的企业家从富有的外部投资者那里筹集资金，企业家和投资者的风险偏好均为中性。因为拥有财富的富有投资者很多,而有好的项目的企业家很少,所以企业家拥有完全的讨价还价能力。投资者则至少要求达到自己的期望收益,否则他们将拒绝购买企业家发行的证券进行投资。投资者和企业家达成初始契约经历生产经营第一阶段后,根据公司所处状态,他们之间将会有一个帕累托改进的重新协商过程。如果投资者拥有完全的控制权,投资者在公司第一阶段的生产经营活动做出错误抉择时,将进入第二阶段前的帕累托改进重新协商,而此时由于企业家受到财富约束不能对没有达到期望收益的投资者进行补偿,重新协商可能没有结果,可见投资者拥有完全控制权不可行。如果企业家拥有完全的控制权,那么投资者的预期收益并不能够得到保证。因为企业家与投资者在利益追求上存在差异,导致企业家利益增加时投资者利益并不一定增加,而且在第二阶段生产经营开始之前的重新协商时,因为企业家拥有完全的讨价还价能力,他可以通过重新协商继续获得投资项目的绝大部分好处。可见,企业家拥有充分控制权是投资者所不能接受的。这种情况下,只有投资者得到契约条款的保护防止企业家将来出现侵害其利益的自利行为时,投资者才愿意对项目进行投资。

在企业家控制不可行,投资者控制又不能实现最优产出的情况下,依赖于第一阶段生产经营状态而定的随机控制就优于企业家或投资者的单方控制。债务资本就具备这种控制权随机分配的特征。如果第一阶段生产经营状态传递的信号分为违约和不违约,那么在不违约的状态下,企业家获得控制权;反之,在违约状态下,由投资者获得控制权。这种控制权随机分配的属性一方面给予企业家获取私人利益的空间,另一方面又为投资者的利益提供了必要的保护。

债权人对公司的控制是通过法定的程序进行的。包括我国在内的大部分国家的破产法规定,在公司遭遇无力偿还到期债务的困难和危机时,债权人可以选择重整和清算两种处理方式。

在经营管理不善严重,亏损不能偿还到期债务时,公司往往要进行破产清算。破产清算是依法对公司财产、债务等进行清理变卖,终止其经营活动,以保护债权人、所有者等利益相关者的合法权益。对于陷入财务危机但仍有转机的公司可以选择重组,使其得以复兴。债务重组大致可以分成两类。一类是不通过法律程序的重组,例如债务展期、债务减免、债转股、债权人控制等债务重组方式,其中债权人控制是指债权人认为公司陷入财务危机的原因是经营管理不善，为此债权人可以更换经理人，控制公司的经营管理。另一类是通过法律程序进行的正式债务重整。正式债务重整是在法院受理债权人申请破产案件的一定时期内，经债务人及其委托人申请，与债权人会议达成和解协议，对企业进行整顿、重组的一种制度。在正式重整中，法院起着重要的作用。

在依法进行清算或重整时，成立有债权人会议，依法申报债权的债权人为债权人会议的成员，有权参加债权人会议行使表决权。债权人会议有决定继续或者停止公司的营业、通过重整计划、和解协议等职权，并通过法院指定的管理人管理公司的内部事务，实现对公司的控制。

6.1.2 利益冲突与资本结构

股东与经理人之间、股东与债权人之间存在着利益冲突，明确资本结构对这些利益冲突造成的影响有利于解决利益冲突问题，也有利于解决公司治理问题。

6.1.2.1 股东与经理人之间的利益冲突

股东与经理人之间的利益冲突是公司所有权和经营权相分离所引起的。股东将资金投入公司并聘请经理人经营管理公司，股东支付报酬给经理人并期望经理人为其努力工作实现股东财富最大化，而经理人的目标是追求报酬、地位、声誉、在职消费等方面的个人利益最大化，他为股东经营公司获取报酬增加了股东的财富也只是他追求个人利益所形成的一个结果。股东和经理人利益目标的差异势必带来两者的冲突。

股东与经理人之间的利益冲突主要表现为经理人的道德风险问题。道德风险是指经理人在领取股东给予的薪酬时却没有采取相应的增加股东财富的措施这样一种不作为行为，是一种经理人不用完全承担风险后果时所采取的自身效用最大化的自私行为。道德风险概念最早产生于保险市场，例如投保人在车子投保盗抢险之后就不再采取措施防范盗抢的不作为行为即属于典型的道德风险问题。从经理人角度看道德风险问题，其具体表现包括表面勤奋背地偷懒、为确保个人声誉不愿承担风险而在经营管理上过于保守，进行与其贡献不相称的在职消费等方面。一般来说，如果经理人所持公司的股权比例越小，股东与经理人之间的利益目标一致性越得不到保证，经理人的道德风险问题就可能越严重。如果公司可以自由支配的现金流量越多,滋生道德风险问题的条件也就越成熟。

6.1.2.2 股东与债权人之间的利益冲突

债权人将资金借给公司,按合约规定获取利息并收回到期的本金,其利益目标简而言之是本金的安全及利息的获取,而股东的利益目标是追求股东财富最大化,因此两者利益目标存在差异,这也势必给两者带来利益冲突。股东可以通过经理人为自身利益而损害债权人的利益,常见的方式有:

(1)未经债权人同意,将借入资金投资于预期风险更高的项目。债权人事先知道借出资金是有风险的,也会要求获取风险补偿而抬高利率,但是一旦资金借出以后,债权人就对它失去了控制权,股东可以通过经理人将借入资金投资于比债权人预期风险更高的项目。由于债权人只能拿固定的利息,其借出的资金被改变用途用于风险更高项目如果成功了,股东拿到了更大的好处,债权人却不能获得什么好处,如果项目失败的话,债权人却有可能要承担公司无力偿债的恶果。这种超额利润不能分享,损失却要一起承担的现象对债权人来说显然是不公平的。

(2)未经债权人同意,发行新债。股东可以通过经理人在未经原有债权人同意的情况下举借新债,公司财务风险由此增加,导致原有债权人承担的风险增加,持有的债权价值下降。

债权人会采取相应的措施保护其利益不被股东损害,除了法律规定的破产清算时债权人具有剩余财产优先分配权之外,债权人的主要保护措施还包括限制性借债,即在债务契约中加入限制性的条款,比如规定资金的用途、规定不能发行新债、对股利的发放做出具体的限制等。这些限制性条款对公司的经营形成一定的约束,可能会对股东利益造成不利影响。

6.1.2.3 资本结构的改变对利益冲突的影响

从资本结构角度看,债务资本有利于协调股东和经理人之间的利益冲突,控制道德风险问题。这是因为,一方面,在经理人持有公司股票数量不变的条件下,公司筹集债务资本和筹集股权资本相比,不会使经理人的持股比例下降,这在一定程度上能激励经理人努力工作;另一方面,债务资金的存在使公司要有还本付息的安排,有效减少了公司可以自由支配的现金流量,削弱了滋生道德风险问题的可能性。同时,债务资金的存在,还给经理人以破产清算的压力,如果经理人经营管理不善导致公司严重亏损资不抵债不能偿还到期债务的话，公司将进入破产清算，经理人将承担破产带来的地位薪酬降低、声誉受损、失去在职消费等一系列恶果，这就迫使经理人开展良好的经营管理，防止公司进入破产清算，自然也使股东的利益得到增加。

但是，债务资本的利用在降低股东与经理人之间的利益冲突的同时却可能加深股东与债权人之间的利益冲突，因此，资本结构的确定有必要在这一增一减的两方面利益冲突之间进行权衡。

6.1.3 资本结构的投资激励作用

6.1.3.1 资本结构安排对外部投资者的激励

在市场经济活动中，各类人员对有关信息的掌握程度是不同的，美国的三位经济学家 Joseph E. Stiglitz、George A. Akerlof 和 Andrew Michael Spence 由此提出了信息不对称理论，认为市场中的卖方比买方更清楚商品的各种信息，掌握更多信息的一方可以通过向另一方传递可靠的信息而在交易中获利，信号传递可以在一定程度上解决信息不对称问题。

公司的内部经理人与外部投资者之间也存在着信息不对称的问题，内部经理人控制公司的生产经营活动，对新的投资项目优劣的判断比外部投资者拥有更多的可靠信息。这种信息不对称现象的存在，会影响外部投资者所做的投资决定。假如将投资项目分成优质项目和劣质项目两种类型，外部潜在投资者当然希望将资金投放于拥有优质项目的公司，但是因为信息不对称，在没有外部约束的条件下，劣质项目经理人也鼓吹自己的项目是优质项目，此时外部投资者就不能做出准确的判断与选择。此时，内部经理人持股的信号可以向外部投资者传递有用的信息以利于投资者做出正确选择。内部经理人对风险是反感的，提高内部经理人在有风险的投资项目中的股权比例将导致其效用的减少，但同样是提高经理人的股权比例，拥有优质项目的经理人减少的效用要少于劣质项目经理人的效用。换句话说，优质项目的经理人更有条件、更敢于提高自身在投资项目中的股权比例。因此，在资本结构设计时，提高内部经理人在股权结构中的比重能向外部投资者传递投资项目是优质项目的信号，从而激励外部投资者进行投资。

同样是因为信息不对称，债务安排也能向外部投资者传递信号激励投资。还本付息是有法定支付义务的，债务约束是一种硬约束，如果不能偿付债务,那么公司将被迫破产。高负债意味着较高的破产风险,劣质项目在同样提高负债水平时带来的边际破产成本要高于优质项目,因此为避免高破产风险,拥有劣质项目的经理人正常情况下更不愿意提高公司负债。于是,拥有优质项目的经理人可以通过提高负债比例向外部投资者传递其项目优质的信号,激励投资者进行投资。

6.1.3.2 过度投资和投资不足的资本结构治理

公司发行股票是为其好的盈利项目提供资金支持,如果将公司按运营质量分成好坏两类,理想情况下,好的公司发行股票应定一个较高的价格,而坏的公司发行股票则应定一个较低的价格,然而信息不对称,外部投资者不知道公司的好坏,不管购买哪类公司的股票,他们往往只愿意支付一个平均价格。这导致坏的公司股票市场价格超过了其价值,获得了股票发行价值被高估的超额溢价好处,由此刺激了更多的坏的公司涌入股票市场发行股票筹集资金。而好的公司刚好相反,外部投资者愿意出的平均价格低于其股票价值,因此好的公司就不愿意通过发行股票筹集资金。长此以往,股票市场逐渐被坏的公司所充斥,好的公司则被排挤在外,出现了股票市场"逆向选择"的问题。

由于坏的公司发行股票价值被高估,筹集到了超过价值预期的资金,会导致这类公司过度投资的现象产生,经理人过度投资的动机在于即使投资项目的净现值为负,也能够被发行时高估的金额所补偿。而好的公司发行股票价值被低估,没有筹集到应筹的资金,这类公司就容易产生投资不足的问题,即使一些投资项目净现值为正,但如果正的净现值还不足以弥补发行时被低估的金额的话,经理人也不会愿意采纳这些项目。

上述过度投资和投资不足均产自股票发行时的信息不对称,那么解决过度投资和投资不足的问题的有效途径就在于选择融资方式时能尽量减少信息不对称的情况。出于该角度考虑,首选的融资方式应该是留存收益,因为该融资方式不存在信息不对称的情况。其次,在内部留存收益不足的情况下,再考虑债务融资,因为对债权人本息的支付具有法定义务,只要公司正常生产经营满足得了本息的支付,债权人就不会对公司信息有过高的要求,相对于股权资金提供者来说,债权人对公司信息的要求要有限得多。债权人也可能因为信息不对称高估好的投资项目的风险而定下高利率,或者相反地低估坏的项目的风险而定下低利率,由此产生类似股票市场的逆向选择问题，但是因为债权人对公司生产经营信息的要求远低于股东，因此这种逆向选择的效应比起股权融资来说也要低得多。最后，在内部留存收益和债务融资都不能满足融资需求时，公司才应该考虑发行股票融资。综上所述，先留存收益，再债务融资，最后考虑股权融资，这样的融资顺序安排是最有利于解决过度投资和投资不足问题的。

6.2　农业上市公司资本结构与治理结构状况分析

资本结构主要是指股权资本与债权资本之间的比例关系，因此可以从股权结构和债权结构两个角度看农业上市公司的治理效应。

6.2.1 农业上市公司股权结构及其治理效应

股权结构是股东所持公司股份的比例，股权结构的改变会带来董事会、经理层的相应变动，因此可以说股权结构是影响公司治理的一个根本因素。

6.2.1.1 农业上市公司股权结构总体状况

(1)流通股比例快速上升。我国股票市场建立之初，上市公司多为国有企业改制而成，为保证公有制的地位，上市公司只允许少部分(通常不超过1/3)的股份可以流通，而其余的股份则暂时不能流通，形成了“股权分置”的中国特色局面，同股不同权、同股不同利。而且非流通股份一般只由一个或几个法人持有，形成“一股独大”的现象。随着中国加入 WTO，与国际经济联系日益紧密，中国的资本市场逐步对外开放，客观上要求与国际接轨，实现股份全流通，同股同权，同股同利。2004 年 1 月 31 日，国务院发布了《国务院关于推进资本市场改革开放和稳定发展的若干意见》，要求“积极稳妥解决股权分置问题”。随后，各上市公司纷纷推出股改对价方案，通过非流通股股东和流通股股东之间的利益平衡协商，实现公司股票全流通，到 2006 年底，我国已基本完成了股权分置改革的目标。农业上市公司在 2005 年到 2009 年期间流通股占总股数的比重变动情况如图 6-1 所示，流通股占总股数的比重呈逐年上升的趋势。

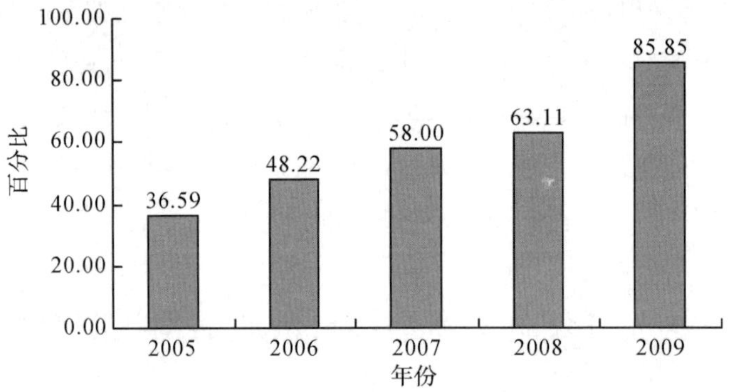

图 6-1 农业上市公司 2005—2009 年流通股占总股数的比重变动情况①

(2)股权集中度较高。对 2008 年之前上市的沪深两市 28 家农业类上市公司在 2009 年年末的大股东持股比例做出统计(如表 6-1、表 6-2、表 6-3 所示),发现农业上市公司的股权集中度是比较高的,有超过五分之一(21.43%)的公司股权集中在第一大股东手里,有近半数(46.43%)的公司股权集中在前三大股东手里,有近三分之二(64.29%)的公司股权集中在前十大股东手里。

表 6-1 2009 年农业上市公司第一大股东持股情况②

持股比例	0—10%	10%—20%	20%—30%	30%—40%	40%—50%	50%以上	合计
公司数量	0	4	10	3	5	6	28
占农业上市公司总数的比例(%)	0	14.29	35.71	10.71	17.86	21.43	100

表 6-2 2009 年农业上市公司前三大股东持股情况③

持股比例	0—10%	10%—20%	20%—30%	30%—40%	40%—50%	50%以上	合计
公司数量	0	1	3	7	4	13	28
占农业上市公司总数的比例(%)	0	3.57	10.71	25	14.29	46.43	100

①根据 CSMAR 提供的数据整理绘制。

②根据 CSMAR 提供的数据整理。

③根据 CSMAR 提供的数据整理。

表 6-3　2009 年农业上市公司前十大股东持股情况[①]

持股比例	0—10%	10%—20%	20%—30%	30%—40%	40%—50%	50%以上	合计
公司数量	0	0	2	5	3	18	28
占农业上市公司总数的比例(%)	0	0	7.14	17.86	10.71	64.29	100

(3)第一大股东持股比例总体下降。将 2005 年以前上市，并且至 2009 年尚未改变主业经营还属于农业类的上市公司甄别出来，一共 24 家，再将这些农业上市公司从 2005 年到 2009 年第一大股东的平均持股比例统计出来(如表 6-4 所示)，并画成折线图(如图 6-2 所示)，表中的数据和图形比较清楚地反映出了第一大股东平均持股比例总体呈下降的变动趋势，特别是从 2005 年到 2006 年这段时间，下降得非常明显。这段时间正是股权分置改革全面推进的阶段，大多数的上市公司在这一时期推出了股改对价方案，非流通股股东以支付给流通股股东若干比例的股份为代价换取了自身所持股份的流通，这导致第一大股东的持股比例大幅度下降。

表 6-4　2005—2009 年农业上市公司第一大股东持股比例变化情况[②]

年份	2005	2006	2007	2008	2009
第一大股东平均持股比例(%)	41.2	36.03	35.35	36.24	34.83

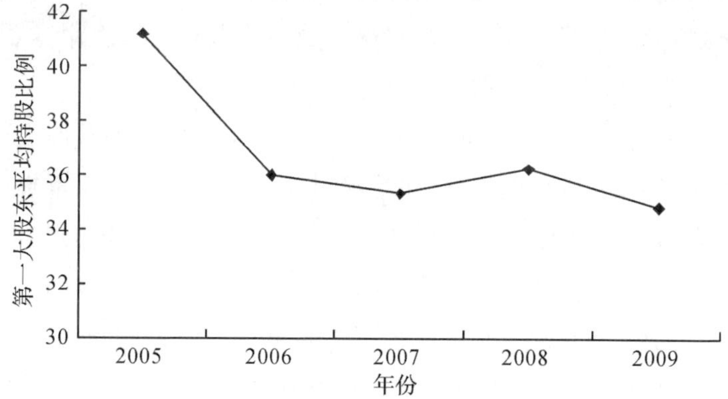

图 6-2　2005—2009 年农业上市公司第一大股东持股比例变化情况

---

① 根据 CSMAR 提供的数据整理。

② 根据 CSMAR 提供的数据整理。

6.2.1.2 农业上市公司股权结构治理效应分析

(1)一股独大加深了股东之间的利益冲突,并凸显公司的代理问题。经过股权分置改革后,流通股的比例大大地增加了,目前正向全流通的目标逼近。尽管各上市公司第一大股东的持股比例在过去的五年中呈总体下降的趋势,但是过了股改高峰期之后的最近三年,第一大股东的持股比例波动是不大的。将 2008 年之前上市的沪深两市 28 家农业类上市公司前十大股东的平均持股比例做一统计(如表 6-5 所示),发现"一股独大"的迹象比较明显,第一大股东和其他股东之间的持股比例相差悬殊,第一大股东平均持股比例远远超过了后面九大股东持股比例的总和,第一大股东对公司的控制权显然是其他股东所不能抗衡的。

表 6-5　2009 年农业上市公司前十大股东平均持股情况①

前十大股东	1	2	3	4	5	6	7	8	9	10
平均持股比例(%)	35.37	6.79	3.14	1.70	1.30	0.98	0.81	0.67	0.59	0.52

这种第一大股东缺乏抗衡的"一股独大"状况赋予了大股东超强的控制力,大股东可以通过垄断董事会掌控上市公司的重大决策及人、财、物,可以通过在股东大会上提交议案、利用股权优势修改公司章程、通过董事会向管理层施压等方式达到自己的目的,并拥有比中小股东更多的信息。中小股东持股比例比较分散,又普遍存在搭便车的心理,再加上信息不对称,他们就很难拧成一股绳和大股东对抗,在保护中小股东利益的法律体系尚不完备的情况下,其利益被大股东侵占的情况也就难以避免了。

大股东占用上市公司的资金是大股东侵占中小股东利益的主要表现。我国股票市场在 1990 年到 2000 年这段时间里采取的是行政审批制,股票发行必须取得发行的指标和额度,股票发行的指标和额度成为非常稀缺的资源,导致很多公司为争夺资源而包装上市。这一时期很多国有企业将优质资产包装上市,非优质资产和剩余劳力则留在了原企业,上市成功后,上市公司为原企业输送利益投桃报李也是情有可原的。此外,由于是部分资产上市而不是整体上市,上市公司的资产存在不完整性导致其需要与母公司发生大量的关联交易,客观上也为母公司这一大股东侵占其利益提供了

① 根据 CSMAR 提供的数据整理,具体数据见附录 1。

便利条件。

从代理角度看，一股独大的状况导致公司的代理问题比一般意义上的公司代理问题更加严重。如前所述，大部分农业上市公司的实际控制人是各层级的国资委，这一“股东”并非真正意义上的所有者，实际上还只是国有资本的代理人，他们在行使投票权的时候是不用承担或是很少承担风险的，其投票权是一种“廉价投票权”，因此可以推断这种情况下公司的代理成本要比一般情况更高昂。

(2)股权激励不到位。很多农业上市公司没有采取股权激励的措施，高层管理人员只是按合同拿薪酬，没有持有或是很少持有本公司的股票。在对2008年之前上市的沪深两市28家农业类上市公司的董事、监事、高级管理人员在2009年12月31日持有本公司股票的情况做出统计后(如表6-6所示)，发现大多数农业上市公司董事、监事、高级管理人员持股比例较低，有近80%的农业上市公司董事、监事、高级管理人员的持股比例不超过0.5%，而且有39.29%的公司其董事、监事、高级管理人员未持有本公司的股票。

表6-6　农业上市公司董事、监事、高级管理人员2009年年末持股情况①

持股比例	0	0—0.5%	0.5%—10%	10%以上	合计
公司数量	11	11	4	2	28
占总数百分比(%)	39.29	39.29	14.28	7.14	100

董事会最主要的成员是董事长，经理层最主要的成员是总经理，如果对各农业上市公司这两个职位的人员进行持股情况的统计，结果又将如何呢?对2008年之前上市的沪深两市28家农业类上市公司董事长和总经理在2009年年末的持股情况进行统计，结果如表6-7所示。董事长或总经理持股的公司数占统计总量的比例不超过30%，董事长和总经理同时持股的公司数更是屈指可数，只有3家，占比10.71%。

① 根据各上市公司2009年年度报告整理得到，参见附录2。

表 6-7 董事长和总经理的持股情况①

项目	董事长持股的公司	总经理持股的公司	董事长和总经理均持股的公司
公司数量	8	7	3
占总体百分比(%)	28.57	25	10.71

(3)国有控股带来的行政化影响。股权分置改革前,公司的股份按所有者的不同划分成国有股、法人股、内部职工股、社会公众股等类型并进行相关信息的披露,从中可以看出国有股股东在上市公司中占绝对的控股地位。在股权分置改革后,达到限售条件的国有股、法人股等未流通股份全部转为流通股,在进行股份性质的相关信息披露时全部反映为流通股,不再按所有者性质进行反映。尽管如此,还是可以从上市公司实际控制人的文件中判断出居于农业上市公司控股地位的股份性质。从实际控制人的角度来看,根据股权控制链计算得到的 28 家农业上市公司实际控制人中,有 11 家的实际控制人是各层级的国资委,有 2 家的实际控制人是国资委外的政府部门,有 1 家实际控制人是国有独资金融企业,有 1 家实际控制人是生产建设兵团,有 1 家实际控制人是集体所有制企业,剩余的 12 家的实际控制人是自然人,如表 6-8 所示。政府、国资委、国有独资企业、生产建设兵团这些实际控制人可以看成是国有股东,他们所持的股份在性质上应属于国有股。

表 6-8 农业上市公司实际控制人情况②

实际控制人	各层级的国资委	国资委外的政府部门	国有独资金融企业	生产建设兵团	集体所有制企业	自然人	合计
公司数量	11	2	1	1	1	12	28
占总体百分比(%)	39.29	7.14	3.57	3.57	3.57	42.86	100
公司总市值(亿元)	369.09	361.68	18.02	92.05	84.94	524.45	1450.23
占总市值的百分比(%)	25.45	24.94	1.24	6.35	5.86	36.16	1

① 根据 CSMAR 数据整理,参见附录 3、附录 4。

② 根据 CSMAR 提供的实际控制人文件整理。参见附录 5。

从表 6-8 可以看出，半数以上的农业上市公司的实际控制人是政府、国资委、国有独资企业、生产建设兵团等国有背景的股东，还有个别实际控制人是集体所有制企业。以上实际控制人为非自然人股东的农业上市公司总市值占统计总量的 63.84%，这在一定程度上带来产权虚置、所有者缺位、责权利不清、监控不严的问题。

2003 年 4 月 6 日，“国务院国有资产监督管理委员会”（国资委）挂牌，国务院授权其代表国家履行出资人职责。其主要职责包括：履行出资人职责，监管中央所属企业（不含金融类企业）的国有资产；承担监督所监管企业国有资产保值增值的责任，负责所监管企业工资分配管理工作，制定所监管企业负责人收入分配政策并组织实施；推进国有企业的现代企业制度建设，完善公司治理结构；通过法定程序对所监管企业负责人进行任免、考核并根据其经营业绩进行奖惩，完善经营者激励和约束制度；代表国务院向所监管企业派出监事会，负责监事会的日常管理工作；等等。

以国资委为实际控制人，相比较于政府作为实际控制人来说，一定程度上改善了投资主体缺位的弊端，出资人职责的履行及利益的获取都得到了更有效的保障。但是国资委代行出资者的职责也有一定的弊端难以克服。国有资产监督管理委员会，按这个字面理解的含义有两层，一要管理，二要监督。国资委充当的角色是多层的，既是领队，又是教练，又是运动员，还是裁判员。国资委代表国家扮演出资者的身份，在追求盈利目标的同时必然交叉考虑一定的社会目标，盈利目标与社会目标之间的矛盾有时是难以克服的。一方面国资委对监管的企业进行监督管理，按设定的指标进行绩效的考核；另一方面，作为国务院的特设机构，国资委必然要执行政府的指令，受到政府的干预。例如，2008 年年底，在世界金融危机背景下国务院出台 4 万亿投资刺激经济计划，国资委就部分充当了执行投资计划的角色。这种盈利目标与社会目标双重目标的矛盾在世界范围内都是存在的，瑞典皇家管理委员会就认为国有资产管理的目标一个是最大经济增长，一个是实施包括充分就业在内的一系列社会目标。另外，国资委履行出资人职责，在下属机构设有审核所监管企业发展战略及规划的职能，但由于所监管企业跨越不同的行业，数量众多，投资项目是纷繁复杂的，而职能部门又受时间、精力、专业方面的限制，无法做到所有的重大投资决策项目都由有经验的专家进行有效的监管，出资人利益不能得到有效的保证。

农业上市公司中有个别是集体资本控股的，也面临着与国有资本控股公司类似的出资人角色不完整、出资人职权行使不到位的问题。

(4)董事会、监事会监控经理人的意图不能很好地实现。按我国公司法对公司治理结构的设计，董事会决定公司的经营计划和投资方案，决定聘任或者解聘公司经理及其报酬事项，并根据经理的提名决定聘任或者解聘公司副经理、财务负责人及其报酬事项。由董事会来决定聘任或者解聘公司经理及其报酬事项，其意图是希望通过董事会对经理人实施奖惩进行控制，然而有的农业上市公司董事长和总经理由同一个人担任，例如顺鑫农业、獐子岛、民和股份就属于这种情况，至于副董事长兼任总经理的就更多了。这种自己决定自己的聘任及报酬的状况使董事会监控经理人的公司治理意图难以实现。由于一些国有控股的上市公司经理人采取政府任命的形式，使得潜在的竞争者对现任经理人威胁很小，这也使得董事会对经理人的控制大打折扣。

按公司法的规定，监事会或未设监事会公司的监事对董事、高级管理人员执行公司职务的行为进行监督，对违反法律、行政法规、公司章程或者股东大会决议的董事、高级管理人员提出罢免的建议。当董事、高级管理人员的行为损害公司的利益时，监事应要求董事、高级管理人员予以纠正。国资委行使出资人职权对国有控股的农业上市公司股东大会提出监事人选，要求监事以财务监督为核心，根据有关法律、行政法规和财政部的有关规定，对企业的财务活动及企业负责人的经营管理行为进行监督，确保国有资产及其权益不受侵犯。由于是以财务监督为核心的，客观上对监事提出一定的财务专业方面的要求，但是现实情况与这一要求还是有一定差距的。例如，在国资委印发的“关于印发《国有重点大型企业监事会副局级专职监事职位竞争上岗实施方案》的通知(人事〔2007〕37 号)”中可以看到，国资委选拔监事的主要资格条件：副局级或截至发文日任职满 3 年的正处级干部；一般应具有大学本科以上文化程度和两年以上基层工作经历(含稽查特派员助理或监事会工作经历)；应当经过党校、行政院校或者组织(人事)部门认可的其他培训机构五年内累计三个月以上的培训，确因特殊情况在任职前未达到培训要求的，应当在任职后一年内完成培训。从中可以看出国资委选拔监事的条件对资历要求比较高，但是在专业上却没有明确的要求。

公司法规定，监事会成员应当包括职工代表，比例不得低于三分之一，监事会中的职工代表由公司职工通过职工代表大会、职工大会或者其他形式民主选举产生。然而现实情况是监事会往往流于形式，没有发挥应有的作用[①]。一方面是因为上市公司的监事行使其职权的话，需要有相应的法律、财务方面的背景，然而上市公司的监事往往缺乏这方面的背景；另一方面，监事中的职工代表在日常的生产经营活动中服从管理层的管理，其薪酬和升迁亦取决于管理层，因此他们在行使监事职权时更多的是体现管理层的意志。

一则报道中涉及虚假陈述的46家上市公司[②]的监事会绝大部分都在其决议公告中声称未发现任何虚假记载。因此从上市公司现实情况来看，监事会并没有发挥应有的作用。

6.2.1.3 案例分析——股权结构失衡导致中小股东利益的损害

在我国股权分置改革完成后，我国农业上市公司第一大股东的平均持股比例依然超过35%。同时，第一大股东与其他股东之间的持股比例相差比较大，地位悬殊，形成“一股独大”的现象。这种一股独大的状况使得大股东掌握了对公司董事会的控制，并通过董事会安排经理层控制了公司的生产经营，在中小股东利益保障的法律体系尚不健全的情况下，形成大股东对其他股东特别是中小股东的利益侵占。控股股东会通过占用资金、资金担保、关联交易等种种手段掏空上市公司，侵占中小股东的利益。下面两个农业上市公司大股东侵占中小股东利益的案例，表明在一股独大的情况下不仅仅要关注股东与经理人之间的利益冲突问题，更要关注大股东与中小股东之间的利益冲突问题。

(1)案例一：蓝田股份形成内部人控制，为大股东担保贷款输送利益

1996年6月，蓝田股份作为农业部首家推荐上市的企业，在上海证券交易所上市，以“中国农业第一股”举起了“中国农业产业化”大旗，其主营业务为农副水产品种养、加工销售。上市后4年内，该公司的财务报表显示其股东权益、净利润增长都很快，当时被誉为“蓝田神话”。但是越来越多的迹

① 全球四大会计师事务所之一的德勤对近100家中国大陆上市公司的董秘或证券事务代表进行了问卷调查，得出此结论。详见：《德勤称中国上市公司存问题：监事会流于形式》，http://finance.huanqiu.com，2010年4月22日。

② 陈春林：《上市公司虚假陈述，46家还在诉讼期内》，http://www.sina.com.cn，2009年4月2日。

象表明该公司存在报表造假的嫌疑。比如蓝田股份2000年年报显示，公司的蓝田野藕汁、野莲汁饮料销售收入达5亿元之巨，按理全国应该都在卖蓝田野藕汁、野莲汁，而且很热销才能有这样的销售业绩，但是全国很多地方的投资者表示，并没有看到这种热销场面，甚至在当地市场也没有见到过野藕汁。与同样地处湖北的武昌鱼以及相距不远的湖南洞庭水殖相比，蓝田股份拥有的约20万亩大湖围养湖面及部分精养鱼池，其水产品的毛利率要高出几倍，这也令人起疑。2001年，蓝田股份被曝业绩造假，并被指从股市大肆“圈钱”，震惊全国。随后，包括该公司董事长瞿兆玉在内的10余名人员被量刑。

2000年的年报显示，蓝田股份的第一大股东为洪湖蓝田经济技术开发有限公司，持股比例35.7%。1999年瞿兆玉将蓝田股份董事长的位置交给了他的弟弟保田，自己任蓝田股份的总经理，而这个瞿兆玉正是洪湖蓝田经济技术开发有限公司的法人代表。尽管蓝田股份中有部分国有资本出资，但此时的蓝田股份显然已经被瞿兆玉控制，本质上成了一个家族企业。瞿兆玉作为蓝田股份第一大股东的法人代表，利用掌握的控制权先后让蓝田股份为中国蓝田总公司提供贷款担保16.4亿元，中国蓝田总公司是蓝田股份第一大股东洪湖蓝田经济技术开发有限公司的控股股东，其法人代表正是瞿兆玉。蓝田股份以贷款担保的形式为其第一大股东输送利益的行为给广大的中小股东带来了巨大的损失，它所提供的16.4亿元贷款担保在蓝田股份公布2002年年报的时候，已有3.58亿元被判由蓝田股份独家承担连带责任，连同利息和诉讼费有3.87亿元。蓝田股份后更名为ST生态，自2003年5月23日起终止在主板上市，现名“生态1”，代码400027，在三板市场交易。庞大的“蓝田产业”资金链断裂后，使7000多名农民无班可上、无田可种，同时也使成千上万的中小股东血本无归。

蓝田股份第一大股东缺乏制衡，公司治理机制失灵是其失败的重要原因。在一股独大的情况下，又遇上实际控制人瞿兆玉独断专行，盲目投资、经营不善，厄运便不能躲避。在蓝田案例中，丑闻败露前还有不少银行盲目贷款给蓝田股份，致使国有资产遭受更大损失，这与地方政府对蓝田股份的袒护有着密切的关系。由此得到启示，政府应该正确地处理与企业之间的关系，实现政企分开。

(2)案例二:九发股份资金被大股东占用

山东九发食用菌股份有限公司是1998年经山东省人民政府批准,由山东九发集团公司作为主发起人,对其下属的全资子公司烟台九发食用菌有限公司进行股份制改组,并联合乡企总公司共同发起,以募集设立方式组建的股份有限公司。2007年年末,九发集团公司是山东九发食用菌股份有限公司的第一大股东,持股比例为47.97%,而九发集团公司背后的出资人则是烟台市牟平区国资局,由国资局100%控股。因此,山东九发食用菌股份有限公司的最终实际控制人是烟台市牟平区国资局。公司的主营业务是食用菌及相关产业产品养殖、加工与销售,属于农业上市公司。

根据该公司的年报数据,截止到2007年12月31日,九发股份有限公司被控股股东及其关联方占用的资金余额为78835.40万元。会计师事务所对ST九发2007年年报发表了保留意见,理由是因为截至审计报告日,山东九发股份公司控股股东及其关联方未能采取有效措施以现金或其他有效资产偿还所占用的资金,解决上述资金占用问题,审计人员无法取得充分、适当的审计证据,以合理判断上述款项的可收回性。

由于资金被大量占用,九发股份有限公司陷入财务困境,之后由于解决大股东及关联方资金占用问题未果,经营每况愈下,以至于"披星戴月"成*ST九发。

2008年10月16日,*ST九发公告,公司管理人10月15日收到控股股东山东九发集团公司函称,九发集团收到了"山东省烟台市中级人民法院民事裁定书(2008烟民破字第5-2号)"。烟台市中级人民法院认为,九发集团严重资不抵债,不能清偿到期债务,符合破产清算的条件,依照《中华人民共和国企业破产法》第二条第一款之规定,裁定宣告九发集团破产。控股股东的破产,导致被其占用的大量资金不能收回,给九发股份的中小股东带来了巨大的损失。

2008年9月28日,受债权人烟台市牟平区投资公司申请,烟台中院最终裁定山东九发食用菌股份有限公司(下称"*ST九发")进入重整程序。之后,中银信注资1.35亿元成大股东。同时,烟台国信拍卖有限公司接受委托,定于2009年1月16日上午公开拍卖公司评估值约29029.78万元的资产用于清偿债务。

2006年,国务院八部委曾联合发布《关于进一步清理大股东占用上市公司资金工作的通知》中明确指出："大量存在的大股东占用上市公司资金的行为，严重阻碍了上市公司的健康持续发展，侵犯了上市公司法人财产的完整性。影响了资本市场诚信建设和健康发展，是导致部分上市公司连续亏损直至退市的主要原因，是严重损害公司和广大中小股东权益的违法行为。"大股东侵占中小股东利益的行为有所收敛。但是，应该清楚地认识到，我国农业上市公司第一大股东与其他股东之间的持股比例非常悬殊，在控制权上没有其他股东可以与之抗衡，这为大股东侵占其他股东的利益提供了客观条件并可能诱发其侵占其他股东利益的强烈动机。为此，监管部门时刻都不能松懈，要防微杜渐防范大股东侵占中小股东利益的现象卷土重来，以维护资本市场的公平与正义。

6.2.2 农业上市公司债权结构及其治理效应

6.2.2.1 农业上市公司债务结构总体状况

(1)农业上市公司资产负债率总体不高。资产负债率是负债总额与资产总额的比值。如表 6-9 所示，剔除 ST 类股票高负债的异常情况，在 2009 年 12 月 31 日农业上市公司的资产负债率平均水平为 53.62%，流动负债占总负债的比重为 83.64%。沪深两市上市公司剔除 ST 股票和金融股，所有上市公司的平均资产负债率为 57.03%，流动负债占总负债的比重为 70.06%。与所有上市公司平均水平相比，农业上市公司的资产负债率平均水平相对较低，而流动负债占总负债的比重则相对较高。

表 6-9　农业上市公司债务结构状况[①]

项目	统计家数	资产总额（亿元）	负债总额（亿元）	流动负债（亿元）	资产负债率	流动负债/总负债
农业上市公司	33	839.02	449.91	376.31	53.62%	83.64%
所有上市公司	1567	144393.51	82080.69	57505.90	57.03%	70.06%

(2)流动负债占总负债的比重较高。对剔除 ST 类的农业上市公司在 2009 年 12 月 31 日的流动负债占总负债的比重进行统计，得到其分布情况如表 6-10 所示，数据表明，农业上市公司债务结构呈现出流动负债高而长

① 根据 CCER 提供的数据计算整理。

期负债相对较低的特性，总负债当中流动负债占的比例比较高，平均水平为83.64%[①]。近一半的农业上市公司流动负债占总负债的比重超过90%，只有一家农业上市公司的流动负债占总负债比重在60%以下。

表 6-10　流动负债占总负债比重的分布情况[②]

流动负债占总负债的比重(%)	0—60	60—70	70—80	80—90	90—100	合计
公司数量	1	4	6	6	16	33
占统计总体的百分比(%)	3.03	12.12	18.18	18.18	48.49	100

6.2.2.2 农业上市公司债权结构治理效应分析

(1)债权资本对高管人员的激励作用不能有效发挥。前已述及，在经理人持有公司股票数量不变的条件下，如果公司采用股权融资方式筹集资金可能导致经理人的股权随着新股的发行而被稀释，而如果采用债务融资方式的话，则不会导致经理人所持股权被稀释，从这个角度来说，债权资本有利于激励经理人更加努力地工作。但是农业上市公司的高管普遍存在持股比例过低的现象，只有25%左右的农业上市公司的总经理持有本公司的股票，并且这25%的公司主要还是民营的公司。由于很多农业上市公司的高管持股比例为零，所以无论公司是利用股权融资还是债权融资，他们都不需要考虑自己的股权是否被稀释的问题，因此从这个角度来看债权融资不会对经理人产生激励的效应。事实上，在多数农业上市公司高管所持公司的股份为零的情况下，高管们考虑更多的可能是负债所带来的需要按时还本付息的硬约束，这会使他们可以自由支配的现金流减少，降低其职务消费的效用，因而他们将更偏向于股权融资。

(2)债权资本的破产约束作用没有有效发挥。债权资本的存在，给经理人以破产清算的威胁，如果经理人经营管理不善导致公司严重亏损资不抵债不能偿还到期债务的话，公司将被迫破产清算，经理人将丧失对公司的控制权，并承担破产带来的地位薪酬降低、声誉受损、失去在职消费等一系列恶果。这种威胁的存在迫使经理人开展良好的经营管理，避免破产的发生。

---

① 见表6-9。

② 根据CCER提供的数据整理计算得到。

因此，债权资本的存在能够对经理人起到监督约束的作用。

我国1986年通过的《中华人民共和国企业破产法(试行)》仅适用于全民所有制企业，没有对上市公司做出明确规定。最高人民法院于2002年9月1日施行的《关于审理企业破产案件若干问题的规定》适应了当时国内经济发展的格局，突破了试行破产法的适用范围，首次将股份制公司纳入破产条例，规定"其他企业应当提供其开办人或者股东大会决定企业破产的文件"即可申请企业破产，债权人的债权长期得不到偿还的，也可以申请上市公司破产，明确了在重组成本过高的情况下，上市公司债权、债务人都拥有申请破产的权利。但直到2007年6月1日起《中华人民共和国企业破产法》施行至今，尚未见有上市公司破产清算的案例。这其中的原因是多方面的。首先，上市公司有广大的社会公众股东，他们和其他股东一样在公司清算时剩余财产要求权是排在最后的，如果公司破产的话，必然会给他们带来巨大的损失。如果广大的社会投资者血本无归，加上破产清算的公司职工失业，必然会给社会带来不稳定的因素，这是未见上市公司破产清算的一个方面的原因。其次，农业上市公司的主要债权人是国有银行，自从1995年5月10日第八届全国人民代表大会常务委员会第十三次会议通过《中华人民共和国商业银行法》后，国有商业银行确立了其企业法人的地位，但其国有的背景使之不能脱离国家行政的干预，它们与具有国有资本背景的上市公司一样都不是最终的真正独立的产权主体，它们的财产是全民所有的，都有一个共同的后台——国家，这使得作为主要债权人的国有银行对作为债务人的有国有资本背景的农业上市公司的监管意愿淡化了，在是否应该迫使上市公司破产清算的问题上，国有银行必然还要考虑政府的意愿，而不仅仅是从企业法人的角度在经济利益上进行权衡。再次，上市公司的壳资源无论是在一开始的审批制还是后来的核准制或是现在的保荐人制度下它都是一种稀缺的资源，总有新的投资者愿意在一定的条件下利用重组的手段对陷入破产境地的上市公司注入新的资产使之起死回生。诸多的原因，使得包括农业上市公司在内的上市公司没有一个破产清算的，陷入财务危机的公司最终大多以重整的形式走出了危机，但往往其主营业务由此发生了质的变化，例如ST亚华陷入财务危机重组后其主业由农业转至房地产业。公司不管怎样经营都不会破产清算这样一个客观现实大大减轻了经理人的压力，债权资本所形成的破产机制对公司治理所产生的效应就大打折扣了。

(3)流动负债占总负债的比重过高显示缺乏债权人治理。长期负债相比于流动负债,涉及的时间长、风险大,债权人出于风险报酬权衡的考虑,提供资金时往往在借款合同中设置较多的限制性条款,对借款企业的投资、分配、资产处理等方面的生产经营活动做出一定的限制,这在保障了债权人自身利益的同时也一定程度上约束了借款企业经营者的冒险行为。另外,长期负债的资金提供者由于比流动负债的资金提供者承担了更大的风险,因此他们要求得到更高的利率报酬,为满足这种要求获取借款,借款企业就会想办法提高自身的盈利能力。因此,长期负债比流动负债更能激励经理人提高企业的盈利能力。但是,农业上市公司的总负债中长期负债很少,平均来看总负债中的85%是流动负债,半数以上的农业上市公司流动负债占总负债的比重超过90%,这使得负债对公司经理人的约束和激励作用都相对较弱。

本章小结

资本结构的合理设计,可以协调利益相关者之间的利益冲突,调控他们的行为。

股权资本对公司的治理体现在股东所拥有的剩余索取权和控制权上。债权资本的治理机制则表现为一旦公司破产清算,剩余索取权和控制权将转移到债权人手中。股东与经理人之间、股东与债权人之间存在着利益冲突,债务资本的利用在降低股东与经理人之间的利益冲突的同时却可能加深股东与债权人之间的利益冲突,资本结构的确定有必要在这一增一减的两方面利益冲突之间进行权衡。

因为信息不对称,在资本结构设计时,提高内部经理人在股权结构中的比重能向外部投资者传递投资项目是优质项目的信号,从而激励外部投资者进行投资,债务安排也能向外部投资者传递信号激励投资。同样是因为信息不对称,先留存收益,再债务融资,最后考虑股权融资,这样的融资顺序安排是最有利于解决过度投资和投资不足问题的。

股权结构是股东所持公司股份的比例,股权结构的改变会带来董事会、经理层的相应变动,因此可以说股权结构是影响公司治理的一个根本因素。近年来,农业上市公司流通股比例快速上升,农业上市公司股权集中度依然较高,有近半数的公司股权集中在前三大股东手里。尽管第一大股东持股比例总体下降,但是过了股改高峰期之后的最近三年,第一大股东的持股比例波动是不大的,“一股独大”的迹象比较明显,这种状况加深了股东之间的利益冲突,并凸显公司的代理问题。蓝田股份、九发股份为农业上市公司股权结构失衡带来的恶果提供了生动的案例。农业上市公司还存在股权激励不到位,实际上的国有控股性质使其受行政化影响,以及董事会、监事会监控经理人的意图不能很好实现等问题。

与所有上市公司平均水平相比,农业上市公司的资产负债率平均水平相对较低,而流动负债占总负债的比重则相对较高。从债权资本治理的角度看,农业上市公司债权资本对高管人员的激励作用不能有效发挥,债权资本的破产约束作用也没有有效发挥,流动负债占总负债的比重过高则暴露出农业上市公司缺乏债权人治理的问题。

农业上市公司资本结构优化

7

第七章

7.1 农业上市公司资本结构优化的目标

资本结构优化的目标取决于企业的财务目标，而企业的财务目标取决于公司的目标——生存、发展并获利。关于企业财务目标的理论主要有三种选择：利润最大化、每股收益最大化和股东财富最大化。

7.1.1 利润最大化

1776年，亚当·斯密论述了“无形的手”如何引导企业致力于实现利润最大化，同时这种行为也对整个社会有益。经济学家们普遍认同利润最大化是企业的真正目标，假设企业是“经济人”，总是在经济活动中采取对自己最有利的行为，这是微观经济学的一个理论基础与核心。以利润最大化为目标的理由是：利润是企业资本积累的源泉，利润最大化符合企业发展与获利的目标；另外，在每个企业都实现利润最大化的时候，社会总的财富自然也就达到最大化了。利润最大化财务目标因为利润指标本身的缺陷而遭受疑问：(1)利润指标没有考虑时间价值问题，因为实现利润与收到现金并非一回事，账面上确认的利润可能并未在确认当期带来现金流入，什么时候带来现金流入并不确定。(2)利润指标没有考虑风险问题。因为利润是按权责发生制确认的，当期确认的利润包含有较大的风险因素。例如应收账款如果在以后期间坏账不能收回的话，原来确认利润的部分将被冲减。(3)利润指标是绝对数指标，不能反映投入产出的关系，不利于相互之间的比较。(4)利润最大化的目标可能导致企业采取一些不利于长远发展的短期行为。例如固定资产该更新的时候不更新，职工该培训的时候不培训，这些行为减少了开支，有利于企业短期内将利润维持在较高水平，但是明显不利于企业长远的发展。

7.1.2 每股收益最大化

每股收益是归属于公司普通股股东净利润与发行在外的普通股股数的比值。每股收益最大化的目标将企业的利润额与投入的资本联系起来，可以从相对数的角度揭示盈利水平的差异，有利于不同企业或不同时期的比较，但是与利润最大化的目标相比，这种观点依然没有考虑时间价值因素和风险因素，并同样会导致企业采取一些不利于其长远发展的短期行为。

7.1.3 股东财富最大化

股东财富最大化目标是以为股东带来最多的财富作为财务目标。股东投资创办企业，是企业的所有者，当企业价值最大的时候，股东的财富也达到最大，股东财富最大和企业价值最大这两者是一致的。企业的价值和商品的价值一样，在市场交易中以价格的形式得以体现。

我国的企业按组织形式的不同划分为独资企业、合伙企业和公司三种类型。(1)独资企业。独资企业由一个自然人投资，该投资人以其个人财产对公司债务承担无限责任，企业的价值就是投资人出售企业可以得到的现金。(2)合伙企业。合伙企业由两个以上合伙人订立合伙协议，共同出资、合伙经营、共享收益并共担风险，合伙人对合伙企业债务承担无限连带责任，合伙企业的价值就是合伙人转让其财产份额可以得到的现金。(3)公司。公司是按公司法设立，以其全部法人财产依法自主经营、自负盈亏的企业法人，公司股东以其出资额为限对公司承担有限责任，并享有资产收益、参与重大决策和转让股份等权利。公司分为有限责任公司和股份有限公司。有限责任公司的价值是股东转让股权所能得到的现金，股份有限公司的价值是股东转让所持股份可以得到的现金，对于上市公司来说，它的价值可以用股票的价格来表示。总之，无论哪种类型的企业，其价值应体现为市场上出售的价格。

与利润最大化目标相比，股东财富最大化或企业价值最大化的优点是：(1)股东财富最大化目标考虑了时间价值因素。(2)股东财富最大化考虑了风险因素。这在资本成本的选择上得以体现：当未来利润预期不确定性较高时，折算股东的财富可以采用较高的资本成本；当未来利润预期比较确定时，则采用较低的资金成本进行折现。(3)股东财富最大化要求对未来各期的权益增量进行折现使其最大，并不仅仅考虑使当期权益最大，因此能克服利润最大化目标所导致的有利于提高当前利润但不利于企业长远发展的行为。

然而股东财富最大化的目标也存在以下问题：(1)对于上市公司来说，股票价格的变动一定程度上可以反映公司价值的变动，但是股票的市价受很多外在因素的影响，例如人为炒作的影响。现实生活中不乏这样的例子：

一个业绩很好的企业股价很低，而一个亏损的ST公司的股价却被炒得很高。这些例子表明，股价并不总是和企业在生产经营上的努力呈正比的。因此在资本市场效率低下的情况下以股票市价来表示公司的价值并不总是合理的。(2)对于没有上市的企业来说，往往需要经过专门的评估才能知道其价值，而在进行企业价值评估时，由于受到评估方法、评估标准人为选择的影响，评估的结果并不一定是客观公正的，这使得企业价值的确定存在困难。

当然，以股东财富最大化为目标并不排斥企业履行社会责任。企业承担一定的社会责任符合社会公众利益和政府利益，能在争取更多消费者的同时得到政府的保驾护航，从根本上来说是符合企业的长远利益的。

尽管股东财富最大化的目标有一定的缺陷，但在与不同的财务日标相比之下，它更具有优越性，因而被广泛认同。对于企业财务目标的选择，莫迪格利安尼(Modigliani)曾说过这样一段话："企业的经营目的不是利润最大化，因为利润是一种不确定的预计的可能性。你为了利润要承担所有的风险，这将导致融资结构中大量的债务。因为每当你以债务替代资产时，你将提高预期利润，但利润的标准没有经过很好地规定，说某利润是90%不足以使人信服。所以，利润不是一种有价值的观念。你该做的是使公司的价值最大化。"[①]因此，资本结构优化也应该考虑股东财富最大或是企业价值最大这一目标。

7.2　农业上市公司资本结构优化的措施

7.2.1 提高理财意识，合理安排资本结构

分析盈利能力、规模、成长性、非债务税盾以及资产担保价值等因素对农业上市公司资本结构影响，得出的结论是影响农业上市公司资本结构的主要因素是总资产规模。原因包括：(1)负债融资相对容易。一般的，上市的公司比普通未上市的公司信誉度更优，更容易获得负债融资，并且规模较

---

① 杨亚达、王明虎：《资本结构优化与资本运营》，东北财经大学出版社2001年版，第53页。

大的企业比规模小的企业经营更加稳定,破产的预期更低,因此规模较大的企业负债融资更容易。另外,规模大的农业上市公司大多有国资背景,政府的扶持使其拥有信贷的优惠。(2)缺少留存利润。农业上市公司盈利能力整体较弱,在盈利能力较弱的情况下,难以依靠自身利润留存积累来扩大资产规模。(3)增发股票困难。对盈利能力的考察是决定可以增发股票的重要条件,较弱的盈利能力也限制了农业上市公司通过股票增发来扩大资产规模。缺少留存利润、增发股票较难、增加负债较易几个因素综合在一起导致农业上市公司更大程度上通过增加负债扩大资产规模,这就表现出农业上市公司的资本结构和总资产规模呈正相关的关系,而与股东权益则没有明显的相关关系。资本结构与资产规模呈正相关关系表明农业上市公司安排资本结构需要着重考虑总资产的规模。当农业上市公司总资产规模增加时,可以适当提高负债比例。反之,在总资产规模减小时,则应适当降低负债比例。

总资产规模之外的因素与资本结构之间的关系则暴露出了农业上市公司理财的一些薄弱环节。

国内的不分行业的资本结构研究文献中,大多显示资本结构与盈利能力呈现出正相关的关系,而本书的研究则显示农业上市公司的盈利能力(净资产收益率)不影响资本结构,这说明农业上市公司在确定资本结构时没有充分考虑盈利能力的大小。这可能与国家的农业扶持政策有关,连续数年中央一号文件都体现"强农惠农"的政策,在这种政策背景下,金融机构在向农业上市公司发放贷款时对其盈利能力的要求不高,并不以其盈利能力指标作为决策的主要依据,因此农业上市公司获取银行信贷相对容易。

成长性(总资产增长率)对农业上市公司资本结构没有影响,说明农业上市公司没有按资产增长的要求考虑确定资本结构,在筹资策略上缺乏长远的打算。

债务融资产生的利息是税前支付的,有一定的抵税效应,折旧也有类似的抵税效应。正因为折旧在抵税效应上可以看成是对债务融资的一种替代,所以合理的假设是折旧少的企业会更多地使用债务融资。但本书的研究结果表明,农业上市公司折旧占总资产比值与资本结构没有明显关系,这表明农业上市公司并不重视利用债务融资的抵税效应,或者说农业上市公司在怎样合理避税的问题上并不敏感。

从上述的影响因素分析中，多个迹象表明农业上市公司理财意识有待提高，农业上市公司在安排资本结构时，应进一步考虑自身的盈利能力，应结合资产增长的要求进行筹资规划，并重视利用债务和非债务税盾的抵税效应合理避税。

7.2.2 提高公司绩效

按信号传递理论，公司增加负债而不是发行新股进行融资传递的是一种好的信息，公司不愿发行新股的原因是为了避免把利益转让给新的股东。但做出这种判断之前应该看看公司有没有发行新股的条件。如果满足股票增发条件，却选择了债务融资，这才真正传递出了好的信息。农业上市公司普遍存在因为绩效差的原因而丧失增发新股的资格，像这样在没有满足增发条件下选择债务融资，更多的是一种无奈的选择，不能据此判断公司传递了一种好的信息。事实上，分析资本结构与绩效的关系所得出的是农业上市公司绩效不好的信息。

列联表行列独立性的卡方检验的结果表明，农业上市公司资本结构与资产规模呈正相关关系但与股东权益没有明显关系，这表明农业上市公司靠增加负债而不是股东权益来扩大资产，这种现象同时证明了农业上市公司盈利水平较低，扩大资产规模时难以利用留存收益达到目的，而只能更多依赖于负债融资。这就提示农业上市公司需要提高绩效，合理利用留存收益发展自身规模。

考虑滞后效应的绩效对资本结构的影响分析同样引发应提高农业上市公司绩效的问题。实证分析的数据表明，长期负债比率与当期、滞后一期及滞后两期的净资产收益率均没什么关系，总负债率和流动负债比率与当期的净资产收益率之间呈现出负相关关系。这种负相关关系能够在10%但不能在5%的精确显著性水平上通过t检验，表明农业上市公司负债比率与净资产收益率之间的负相关关系不是非常显著。这提示农业上市公司依据公司绩效调整负债比率的行为不够灵敏有效，农业上市公司在财务政策上应该增加灵活性，更加快捷地根据财务业绩的变化调整负债结构，在业绩差、缺乏留存收益这项内部资金来源的时候，借入更多的债务以满足生产经营的需要，提高负债比率，而在业绩好、有内部资金来源的时候，归还债务，降低负债水平。但事实上，笔者认为，农业上市公司的流动负债比率和总负债比率与当期的净资产收益率之间的负相关关系不能在5%的显著性水平上被接受的原因，不在于农业上市公司的经营管理人员没有主动积极地依据财务业绩调整负债比率，而主要在于农业上市公司绩效普遍比较差，大多数农业上市公司实现的净利润只占其流动负债很小的比例。由于缺乏留存收益这样的内部资金来源，导致依据留存收益状况来改变负债程度的选择余地很小，因此表现出来的结果是农业上市公司的负债比率与净资产收益率之间的关系不是非常显著。

从国外发达国家农业企业的发展历史看，加快农业产业化的进程是提高农业企业盈利水平的重要举措。在产业化进程中，企业规模扩大，市场占有率攀升，生产技术改进，产品成本降低，产品附加值随深加工程度的提高而提高，这些因素都将导致农业上市公司盈利水平的提高。另外，充分利用资本市场带来的稀缺资源寻找并确立自己的核心竞争优势，获得品牌溢价，这也是农业上市公司提高盈利水平的一个重要途径。

从外部环境看，建立、健全信息披露制度、退市机制、职业经理人市场、股票交易制度，完善审计、资产评估、法律、资信评级等中介服务系统，充分调动各方面的监督管理积极性，提高市场自律机制的作用，这些举措均有利于改善市场环境，提高农业上市公司的治理效率，减少其非市场化行为，从而提高其盈利水平。

7.2.3 防范风险，适度负债

7.2.3.1 树立风险防范意识，控制负债比率的增长

农业上市公司的资产负债率呈现出逐年递增的态势，但公司绩效并没有逐年递增。2006年到2008年样本农业上市公司的资产负债率均值分别为47.91%、48.92%和51.03%，逐年递增，但是这三年的净资产收益率均值分别为2.45%、5.74%和−0.95%(见表5-1)，并没有逐年递增。2008年在世界范围内发生金融危机，农业上市公司也未能幸免，整体看收益率为负，而此时的负债率整体水平达到了历史最高水平。农业上市公司逐年递增的债务比率表明农业上市公司面临的财务风险也在逐年加大，逐渐增高的负债率背后潜藏的危机令人担忧。

农业上市公司流动负债占了总负债中的绝大部分比重，长期负债的比重则很低，长期负债比率比较稳定，流动负债比率则呈现出逐年递增的态

势。因为期限风险的影响,流动负债的利率通常低于长期负债,高流动负债比例一定程度上会使资金成本下降,但经过比对后发现,农业上市公司的流动负债金额普遍超过了流动资产的占用金额,这说明农业上市公司用短期债务资金满足了一部分的长期资产的占用,也就意味着农业上市公司的融资策略是一种相对比较冒险的策略,这导致我们对农业上市公司财务风险的担忧更进一步。

或许因为我国上市公司缺乏真正的破产退市的机制,或许是有国家政策扶持而有恃无恐,农业上市公司的经理们考虑更多的是持续经营而不是财务风险的问题,企业的负债比率呈现出了逐年递增的趋势。这样做并不明智。首先,银行在改革之后也是以逐利为目标的,不会因为国家政策扶持而无视坏账损失。其次,农业上市公司本身盈利水平不高,又有税收政策的优惠,要缴的所得税较少,因此理性的做法应该是更多地考虑负债带来的风险而不是负债产生的抵税效应。再次,有必要提醒这些农业上市公司的经理要考虑到过度的负债将导致企业被接收,这种情况的出现对他们自身利益来说将是一种损害。

企业的负债能够产生财务杠杆效应,同时也使企业承担财务风险。如果企业的总资产报酬率超过负债的利率,负债经营能够提高自有资金的报酬率。但是,如果企业的总资产报酬率小于负债利率的话,企业所需支付的利息就必须由自有资金所创造的利润甚至是自有资金本身去补偿,从而导致自有资金利润率的下降。更有甚者,有经营不善的企业会因为负债而陷入不能按时还本付息、资不抵债的境地被逼破产。因此,为了实现企业生存、发展从而获利的目标,农业上市公司必须树立风险防范意识,采取有效的措施防范财务风险。农业上市公司需要适应经济环境,根据自身的情况合理确定资产负债率,保持合理的负债结构,这是防范财务风险的重要举措。

7.2.3.2 防范财务风险工具的应用

农业上市公司负债率逐年提高,财务风险逐年加大,对财务风险的预警防范迫在眉睫。财务风险预警方法包括定性预警和定量预警。定性预警方法有标准化调查法、四阶段症状分析法、流程图分析法、综合管理评分法等几种方法,定量预警模型则有单变量模型、多变量模型和人工神经网络模型等几种类型(袁康来,李继志,2009)。Edward I. Altman(1968)提出的 Z 计分模型(Z-score)是相对比较成熟的一种多变量预警模型,在欧美国家得到了广泛的应用,农业上市公司可以选择运用该方法防范日益增加的财务风险。由于地域、行业等因素的影响,在运用这一方法时,应结合农业上市公司的实际情况修正财务风险状况的Z值判定标准。

(1)农业上市公司Z值计算变量说明

Altman创建的Z计分模型为:

$$Z=0.012X_1+0.014X_2+0.033X_3+0.006X_4+0.999X_5 \quad (7\text{-}1)$$

在运用农业上市公司数据计算Z值的时候,模型中各个变量分子、分母在计算口径上应该保持一致。计算X_1用的营运资本(流动资产减流动负债)和总资产数据来自资产负债表,为时点指标,均采用期末数进行计算,即:

X_1=(年末流动资产-年末流动负债)/年末总资产

同样的原因,X_2的计算也用期末数来算,即:

X_2=年末留存收益/年末总资产

计算X_3时,分子息税前利润数据来自利润表,是时期指标,分母总资产来自资产负债表,是时点指标,为使两者计算时间上口径一致,分母应该用平均总资产进行计算,平均总资产由期初总资产与期末总资产的和除以2得到。X_3的分子息税前利润等于利润总额加上利息费用,由于作为报表的外部使用人不能得知公司的利息费用数据,因此用利润总额加上财务费用来表示息税前利润。即:

X_3=(利润总额+财务费用)/平均总资产

X_4的分子股东权益市场价值用股票总市值来表示,分母负债总额账面价值则是来自资产负债表中的负债合计数,即:

X_4=年末总市值/年末总负债

X_5的分子是来自利润表的营业收入,分母则采用平均总资产代入计算,以使计算的时间口径一致,即:

X_5=营业收入/平均总资产

(2)农业上市公司Z值分析

采用2000—2009年沪深两市的农业上市公司为研究对象,研究Z计分模型的适用性。依据2005年3月颁布的《上市公司分类与代码》所进行的归类,农业上市公司为包含有代码"A"的上市公司,计算Z计分模型中各变量的指标数据除总市值以外直接来自CCER数据库或根据直接来自CCER的数据加工得到,总市值的数据则来自CSMAR数据库。

我国证券交易所的《股票上市规则》规定,上市公司出现财务状况异常或者其他异常情况,导致其股票存在被终止上市的风险,或投资者难以判断公司前景,投资者权益可能受到损害的,其股票交易将实行特别处理,在公司股票简称前冠以“ST”字样(Special Treatment)。实证分析时,一般以上市公司因财务状况异常而被特别处理作为陷入财务危机的标志(李秉祥,2005)。观察农业上市公司被特别处理的原因,均为最近两年连续亏损(以最近两年年度报告披露的当年经审计净利润为依据),属于财务状况异常的情形,因此实行特别处理带有“ST”标志的农业上市公司可以视为陷于财务危机的公司。

根据来自CCER及CSMAR的有关数据按Z计分模型进行计算,得到2010年未被实行特别处理的正常农业上市公司的Z值如表7-1所示。

表7-1　正常农业上市公司的Z值

股票代码	股票简称	Z值		
		2007年	2008年	2009年
000663	永安林业	0.4229	0.3737	0.3093
000713	丰乐种业	0.8585	0.8137	0.8111
000798	中水渔业	0.3245	0.3240	0.6254
000829	天音控股	2.9424	—	—
000860	顺鑫农业	1.2031	0.9767	0.8446
000972	新中基	0.5284	0.3900	0.2978
000998	隆平高科	0.4115	0.5970	0.5488
002041	登海种业	0.3912	0.4495	0.5006
002069	獐子岛	0.6234	0.6425	0.8049
002086	东方海洋	0.6419	0.4810	0.3353
002200	绿大地	—	0.4689	0.5659
002234	民和股份	—	—	0.7308
600075	新疆天业	0.7618	0.6723	0.6608
600097	华立科技	0.5455	1.7518	0.8868

续表

股票代码	股票简称	Z值		
		2007年	2008年	2009年
600108	亚盛集团	0.4031	0.4056	0.3792
600189	吉林森工	0.6889	0.7289	0.6281
600251	冠农股份	0.5417	0.5090	0.3951
600257	洞庭水殖	0.3527	0.3234	0.4354
600265	景谷林业	0.3194	0.3753	0.3197
600354	敦煌种业	0.4386	0.5612	0.6518
600359	新农开发	0.3622	0.3569	0.6869
600438	通威股份	2.5092	2.5011	1.9386
600467	好当家	0.7104	0.3795	0.4088
600540	新赛股份	0.5584	0.8447	0.6474
600598	北大荒	0.5683	0.5672	0.6138
600962	国投中鲁	0.7952	0.6850	0.5641
600965	福成五丰	0.8842	0.9654	0.8677
600975	新五丰	1.1213	1.3283	0.9044

表中标注“—”的说明：天音控股从2008年起不再归类到农业类上市公司，因此不计算其2008年、2009年的Z值。绿大地在2007年上市，民和股份在2008年上市，CCER数据库未提供上市当年年初的总资产数据，因此不能计算平均总资产，在不能计算平均总资产的相应年份亦不能计算Z值。

根据来自CCER及CSMAR的有关数据按Z计分模型进行计算，得到被特别处理的ST农业上市公司的Z值如表7-2所示。从表7-2可以看出，绝大部分的公司在被特别处理的前三年时间里，其Z值呈现出逐年降低的趋势，在被特别处理前一年的Z值显著小于正常农业上市公司的Z值。

表7-2　ST农业上市公司被特别处理前三年的Z值情况

股票代码	被特别处理的年份(t)	股票简称	被特别处理前三年的Z值		
			t—3	t—2	t—1
000509	2006	SST华塑	0.1795	0.2731	0.3151
000735	2007	ST罗牛山	0.2527	0.1941	0.2546

续表

股票代码	被特别处理的年份(t)	股票简称	被特别处理前三年的Z值		
			t－3	t－2	t－1
000918	2006	ST 亚华	0.5404	0.6202	0.6844
600093	2006	*ST 禾嘉	0.2372	0.3412	0.3618
600180	2008	*ST 九发	0.5122	0.3013	0.0751
600225	2006	ST 松江	0.3296	0.2685	0.1263
600242	2006	ST 华龙	0.2799	0.1453	－0.0856
600248	2006	S*ST 秦丰	0.4644	0.4067	0.1229
600275	2008	ST 昌鱼	0.1738	0.0200	0.0123
600506	2009	*ST 香梨	0.0994	0.1399	0.0735
600672	2003	ST 英教	0.6616	0.5062	0.1151
600709	2002	ST 生态	0.9886	0.7920	0.0248
600762	2005	ST 金荔	0.2461	0.2421	－0.0099

Altman根据制造业研究样本分析得出公司财务风险与Z值的大小呈反比。当Z＜1.8时，企业属于破产之列；当1.8＜Z＜2.675时，企业属于“灰色区域”，不能简单判定企业是否破产；当Z＞2.675时，公司财务状况良好，破产可能性极小。但由于企业所处的行业、地域不同，使Z值的判定标准并不适用于我国的农业上市公司。如果按Altman的Z值判定标准判断的话，我国农业上市公司除了通威股份之外全部处于即将破产之列，这显然是不合实际的。鉴于上述考虑，调整预测农业上市公司财务风险的Z值判断标准是必要的。表7-1中2007年的数据，可以看成是在未来三年内未被ST处理的Z值，而表7-2中的数据则可以看成是公司将在未来三年内被ST处理的Z值。将这些Z值按降序排列，形成表7-3。

表7-3　Z值及未来三年内是否被ST处理的情况

序号	股票代码	Z值	是否三年内被ST处理
1	000829	2.9424	
2	600438	2.5092	
3	000860	1.2031	
4	600975	1.1213	

续表

序号	股票代码	Z值	是否三年内被ST处理
5	600709	0.9886	是
6	600965	0.8842	
7	000713	0.8585	
8	600962	0.7952	
9	600709	0.7920	是
10	600075	0.7618	
11	600467	0.7104	
12	600189	0.6889	
13	000918	0.6844	是
14	600672	0.6616	是
15	002086	0.6419	
16	002069	0.6234	
17	000918	0.6202	是
18	600598	0.5683	
19	600540	0.5584	
20	600097	0.5455	
21	600251	0.5417	
22	000918	0.5404	是
23	000972	0.5284	
24	600180	0.5122	是
25	600672	0.5062	是
26	600248	0.4644	是
27	600354	0.4386	
28	000663	0.4229	
29	000998	0.4115	
30	600248	0.4067	是
31	600108	0.4031	
32	002041	0.3912	

续表

序号	股票代码	Z 值	是否三年内被 ST 处理
33	600359	0.3622	
34	600093	0.3618	是
35	600257	0.3527	
36	600093	0.3412	是
37	600225	0.3296	是
38	000798	0.3245	
39	600265	0.3194	
40	000509	0.3151	是
41	600180	0.3013	是
42	600242	0.2799	是
43	000509	0.2731	是
44	600225	0.2685	是
45	000735	0.2546	是
46	000735	0.2527	是
47	600762	0.2461	是
48	600762	0.2421	是
49	600093	0.2372	是
50	000735	0.1941	是
51	000509	0.1795	是
52	600275	0.1738	是
53	600242	0.1453	是
54	600506	0.1399	是
55	600225	0.1263	是
56	600248	0.1229	是
57	600672	0.1151	是
58	600506	0.0994	是
59	600180	0.0751	是
60	600506	0.0735	是

续表

序号	股票代码	Z值	是否三年内被ST处理
61	600709	0.0248	是
62	600275	0.0200	是
63	600275	0.0123	是
64	600762	−0.0099	是
65	600242	−0.0856	是

从表7-3可以看出，当农业上市公司的Z值小于0.3时，它将在未来三年内被特别处理，如表7-3序号42—65所示。当Z值大于0.7时，绝大部分的公司没有在未来三年内被特别处理，如表7-3序号1—11所示。在Z值大于0.7时被ST处理的公司是蓝田股份（股票代码600709，2002年更名为ST生态），而该公司是有名的财务造假公司，其Z值并不可信。倘若剔除蓝田股份，那么Z值大于0.7的农业上市公司全部没有在未来三年内被ST处理。当Z值介于0.3至0.7之间时，有的公司在未来三年内被ST，而有的公司则没有在未来三年内被ST。由于上述原因，Z值用于中国农业上市公司财务风险判断的标准应调整为：当Z<0.3时，企业处于陷入财务危机之列；当0.3<Z<0.7时，企业属于"灰色区域"，不能简单判定企业是否将要陷入危机；当Z>0.7时，公司财务状况良好，发生财务危机的可能性极小。

根据修正后的标准，结合2009年的Z值判断：通威股份、新五丰、华立科技、福成五丰、顺鑫农业、丰乐种业、獐子岛和民和股份的Z值大于0.7，说明其财务状况较好，发生财务危机的可能性很小，而新中基的Z值小于0.3，极有可能陷入财务危机。

7.2.4 优化治理结构

通过资本结构的选择可以改变股权和债权的配置，发挥协调利益相关者的利益和行为的作用，因此资本结构的选择从本质上讲是治理结构的选择，而治理结构的改变反过来会影响到资本结构的选择，治理结构的优化必然在结果上导致资本结构的优化。

7.2.4.1 股权结构治理优化

(1)大股东与中小股东之间利益冲突的协调

A. 用脚投票。用脚投票是指股东在有不满情绪时抛售股票。在股权分置改革之前，大股东所持股票往往是非流通股票，股价的涨跌对其没有什么直接的影响。股权分置改革后，股票全流通，股价的涨跌对大股东的财富造成直接的影响。中小股东如果发现大股东有侵害其利益的行为或趋向的时候，可以选择用脚投票，从而导致公司的股价下跌，有较高持股比例的大股东会因此遭受损失。于是，大股东在侵害小股东利益时势必有所顾忌。

B. 建立健全中小股东保护的法律体系。中小股东相对于大股东处于弱势地位，建立健全中小股东法律保护体系，可以给受到侵害的中小股东有申述的途径，并可能有相应的补偿，同时也提高了大股东侵害中小股东的成本，从而有助于减少大股东侵占中小股东利益的行为，协调两者之间的矛盾。公司法规定"公司股东滥用股东权利给公司或者其他股东造成损失的，应当依法承担赔偿责任"；规定"董事、监事、高级管理人员执行公司职务时违反法律、行政法规或者公司章程的规定，给公司造成损失的，应当承担赔偿责任"；规定"股东有权查阅、复制公司章程、股东会会议记录、董事会会议决议、监事会会议决议和财务会计报告"；规定"公司不得收购本公司股份"，但是"股东因对股东大会做出的公司合并、分立决议持异议，要求公司收购其股份的"情形除外；规定股东可以向人民法院提起诉讼主张自己的权利。公司法的这些规定都为中小股东保护自身的利益提供了法律上的基本保障，中小股东可以通过诉讼保护自己的权利。但是，按照民事诉讼法的规定是谁主张谁举证，中小股东由于持股比例低，只是纯粹的出资人，不能掌控公司经营管理的信息，诉讼时要求他们来举证就遭遇"蜀道难"的问题了，因此现实生活中，中小股东通过诉讼来主张自己的权利成功的例子很少。如何完善中小股东利益保护的法律体系还有待进一步探究。中小股东往往出于成本考虑而放弃自己在股东大会上的投票表决权，在实践中形成的网络投票、中小股东征集投票等投票方式能使中小股东在不增加成本的条件下行使自己的表决权，这对于中小股东维护自己的权利起到很好的作用，但这些崭新的投票方式尚有待进一步制度化、法律化。

C. 完善信息披露，解决大股东与中小股东之间的信息不对称问题。大股东之所以能够侵占中小股东的利益，很大部分的原因在于公司的经营决策权掌控在大股东的手里，中小股东往往只是纯粹的出资人，大股东与中小股东之间的信息极其不对称。因此，完善公司的信息披露制度，缩小大股东与中小股东之间的信息不对称程度，是解决大股东侵害中小股东利益问题的重要措施。要加强对上市公司信息披露的监管，保证其披露的信息真实、完整、及时，加大对信息披露违规行为的处罚力度，通过严格的信息披露制度的执行，加强对大股东的监管力度，特别是加大对控股股东关联方交易行为的监控，可以有效防止大股东罔顾中小股东利益而牟取私利的行为。

股权分置改革之前，由于大股东所持股票不能在二级市场上流通，股价的涨跌对大股东来说无关痛痒。股权分置改革之后，所有的股票都可以在二级市场上流通，股价的涨跌与大股东财富的增减直接相关。于是在全流通时代大股东侵占中小股东利益就有了新的途径——利用掌控公司经营管理的便利操纵股价，对这种可能的趋势，监管部门应该加强监管，严格持股信息的披露，特别是对大股东或其一致行动人异常的增持或减持股票的情况要严格监管。目前，深市对大股东减持要求进行预披露，例如，2010 年 1 月，凯恩股份披露大股东凯恩集团和实际控制人王白浪拟在未来六个月内，合计减持不超过公司总股本 10% 的股份。这种减持之前提前披露的行为，对于增加市场透明度、保护信息弱势的中小投资者利益有重要意义。笔者认为，不仅是大股东减持要预披露，增持也应该预披露，两市应该建立一套完整的预披露制度，保护中小投资者在信息不对称市场中的利益。大股东掌控了公司经营管理的重要信息，很多是影响股价的内幕信息，而中小股东缺乏这方面的信息，因此大股东理应在交易前进行公开的提示，提示拟交易的时间、数量、价格区间以及交易的缘由。

(2)充分利用股权激励强化治理效应

委托代理理论认为，所有者追求股东财富最大化，而作为代理人的经营者其目标并非总是与委托人一致的，准确地说，他们追求的是自身利益的最大化，所有者可以通过实施股权激励计划，使代理人的利益与自己的利益保持一致，从而实现股东财富最大化的目标。Jensen 和 Meckling 在 1976 年论证了当拥有企业控制权的经理人持有的股份比例太小时就有很强的动机利用控制权去谋取个人利益而忽视股东利益，他们指出解决股东和经理人利益不一致的一个有效办法就是让经理人拥有更多的股份。国有资本控股的农业上市公司的董事、监事作为国资委委派的代表，是国有资本的代理人，其个人利益与国有股东的利益可能不尽一致，因此股票激励、股票期权等用于经理人的激励方式对他们来说同样适用。农业上市公司应该改变目前比较普遍的高管人员零持股的现象，充分利用股权激励的形式激励高管人员。经营者股权激励的主要形式有经营者持股、期股和股票期权等。

狭义的经营者持股激励方式是指经营者按照与所有者约定的价格出资购买一定数额的本企业股票，并享有股票的一切权利，股票收益可在当年足额兑现。这种激励方式需要经营者支付现金购买，经营者享有表决权、获取股利的权利以及股票转让的权利，股票的收益可以在短期内兑现。这种激励方式使经营者的利益大小与企业经营的好坏紧密联系在一起，有利于调动其积极性，但是由于这种方式下经营者的股票投资收益可以在短期内兑现，可能会使经营者为此过分注重短期效益而不顾企业的长远发展。

广义的经营者持股包括狭义的经营者持股以及期股。期股激励方式是指经营者根据与所有者协商议定的价格在任期内以多种方式获取一定比例的本企业股票，经营者享有表决、分红等部分权利，但在规定的年限内不具有转让股票的权利。这种激励方式与前面所述的狭义经营者持股方式相比，主要的区别在于期股有禁售期限，两者在股票收益的兑现时间上有重大差异，经营者持股的股票收益兑现时间是短期，而期股的股票收益兑现时间是中长期，通常至少是经营者任期届满之后才可以完全兑现。期股的股票收益需要中长期才能变现的特点使持股的经营者的利益与企业的长远利益紧密结合在一起，有利于避免经营者的短期行为。

股票期权是由企业赋予经营者一种权利，经营者可以在规定的年限范围按事先议定的价格购买企业的股票，并在他们认为合适的价位上抛售。股票期权是一种选择权，作为激励对象的经营者可以在行权期内任何时候行权，也可以因股票价格低于行权价而放弃行权，行权时间与行权与否均具有不确定性。股票期权的最大作用是按企业发展成果对经营者进行激励，具有长期性，使经营者的个人利益与企业的长期发展更紧密地结合在一起，促使经营者的经营行为长期化。期股与股票期权的差别在于：A. 期股对应的是当期的购买行为，经营者在任期伊始或是签约时按议定价格买入本企业股票。股票期权对应的则是将来的购买行为，经营者在购买股票之时也是得到奖励之时。B. 期股可以通过多种方式获得，可以是经营者自己出资购买，也可以是所有者通过奖励的方式赠予。而股票期权在行权的时候必然是经营者自己掏钱才可得到。C. 在期股激励方式下，如果经营者以支付现金的方式按协定价格获取一定数量股票之后，在规定的期限之前是不能抛售的,因此期股在起到激励作用的同时还有一定的约束作用。而股票期权只是一种选择权,经营者获得期权的时候并未支付任何现金,在规定的时间范围如果股价下跌不利于行权,经营者可以放弃行权,他不会遭受任何损失,因此股票期权与期股相比重在激励而缺乏约束。

股票期权激励是一种比较有效的激励方式,同时从全球范围来看,它是目前最主要的一种长期激励工具。根据相关资料的统计,在全球财富 500 强公司的高管薪酬结构中,64%源于工资与奖金之外的长期奖励,而长期激励方式中股票期权激励方式占一半以上(祝瑞敏,李长强,2008)。随着我国股权分置改革工作的逐步完成,推进完善股权激励机制对于改善农业上市公司治理结构并进一步优化其资本结构有着重要的意义。

我国的股权分置改革现已逐步完成,正加速进入股票全流通时代,随着股票的全面流通,股东的财富将直接取决于股票二级市场的交易价格,大股东比股权分置改革之前更加关心上市公司的业绩及股价的市场表现,推进股权激励的意愿更加强烈。现行的公司法、证券法在回购公司股票和公司高管任职期内转让股票等方面的规定均有所突破,为公司实施股票期权激励扫清了法律障碍。2005 年 12 月发布的《上市公司股权激励管理办法(试行)》规范了股权激励实施的程序并明确了信息披露的要求。可以说,我国上市公司实施股权激励的条件已经比较成熟,但是即使在这样比较成熟的条件下,农业上市公司高管零持股的现象还是比较明显,这需要加以改变。

股票期权尚属新生事物,相应的管理办法也正在试行,在农业上市公司推进股票期权激励机制的过程中需要注意以下几个问题:A. 合理确定激励对象。实施股票期权激励不是发放福利,不能人人有份,而应集中于关键的高管人员和核心技术人员。B. 合理确定可行权日。可行权日是激励对象可以开始行权的日期。我国《上市公司股权激励管理办法(试行)》规定:股票期权授权日与首次行权日之间的间隔不得少于 1 年,有效期从授权日起不得超过 10 年。从目前公布的股票期权激励方案来看,大多数上市公司的股票期权授权日与首次行权日之间的锁定期为 1 年时间。行权条件中一般主要是看利润的提升情况,如果只是提高当年的利润而不顾将来的利润并不困难,因此 1 年时间的锁定期显得太短了,难以实现对经营者进行长期激励的目的。有鉴于此,农业上市公司推行股权激励计划应适当延长股票期权授权日与首次行权日之间的锁定期,笔者认为 3 年的锁定期相对合适,在行权条件中可以设置3年的平均利润增长率条件，这比只看1年的利润增长率更具有长期激励效果。C.适当确定股票期权的授予数量。《上市公司股权激励管理办法(试行)》中规定：上市公司全部有效的股权激励计划涉及的标的股票总数累计不得超过公司股本总额的10%，非经股东大会特别批准，任何一名激励对象获授的本公司股票累计不得超过公司股本总额的1%。农业上市公司在推进股票期权激励计划之时，也应该遵守办法中的规定，防止出现过度激励的情况。至于具体的授予数量为多少，应该结合企业的具体情况来定，一般的，授予数量应该与激励对象在公司中的作用密切相关，越是起关键作用的激励对象授予的股票期权数量应该越多。在确定授予数量时，可能的话还应参考同类上市公司的激励力度以及经理人市场对经理人的需求行情，不要产生过大的差异，这符合公平理论的指导。D.合理确定行权价格。行权价格不应该低于以下两个价格中的较高者：股票期权激励计划草案公布前一个交易日的股票收盘价，股票期权激励计划草案公布前30个交易日内的股票平均收盘价。E.合理确定行权的方式。授予的股票期权行权方式有一次行权和分次行权两种类型。如果在达到行权条件时就一次全部行权的话，激励对象受激励所得到的收益马上可以变现，那么对公司绩效的后续激励就失去了保障。而分次行权的方式在达到行权条件进行首次行权时，行权数量只占获授股票期权的一部分比例，在一定时期之后才可以进行第二次或更多次别的行权，如果在首次行权之后经营者懈怠导致经营状况恶化，那么这一状况将会反映在股价下跌中，使得经营者在之后的行权收益下降甚至是失去行权的价值。为了避免这种对己不利的状况出现，经营者势必在首次行权之后亦不敢懈怠。因此笔者认为分次行权的方式实现了对经营者在更长时间范围内的激励，更接近于股东财富最大化的目标，农业上市公司推进股票期权激励方式时应该采取分次行权的方式。F.合理设置行权条件。行权条件应与激励要求相匹配，不能太严格，也不能太宽松。已有的股票期权激励计划通常都以经营业绩指标是否达到预设标准作为行权条件，经营业绩指标主要采用净资产收益率，很多公司采用的是未扣除非经常性损益的净资产收益率。非经常性损益是与生产经营无直接联系，或者虽与生产经营相关，但由于其性质、金额或发生频率，影响了真实、公允地评价公司当期经营成果和获利能力的各项收入、支出。未扣除非经常性损益的净资产收益率不能很好地反映经营者绩效的好坏，例如，农业上市公司相对于其他上市公司更容易获得政府补助，由此形成的非经常性损益与经营者努力与否并无直接关系。再如，公允价值变动所形成的损益，以及股市转暖的情况下相互持股的上市公司股权投资收益的增加，显然它们都与经营者的经营没有直接关系。因此，笔者认为农业上市公司设定行权条件时应该采用扣除非经常性损益后的绩效指标比较合理。

(3)强化国有股本出资人角色

在股权高度集中的公司，如果大股东本身能够直接行使自己的权利的话，由于其自身经济利益和风险是与投资对象的风险及收益紧密捆绑在一起的，那么大股东必然有足够的监管动力监管其出资的公司。以国资委、国有企业等为实际控制人的农业上市公司，背后真正的股东是国家，其资产是全民所有的，并不能像自然人股东一样直接行使自身的权利，而是将出资人的权利委托至国资委，国资委再将权利委托至出资对象的董事会成员，通过对董事会成员的提名任免来保证其控制权的实施。也就是说，国资委在作为上市公司的大股东行使委托人的角色的同时，实际上也是受委托的国有资本的代理人。而国资委提名任免的董事会成员显然也是受国资委委托的代理人。国资委提名任免的董事会成员不能享有出资对象的剩余索取权，因此本质上他们是缺乏足够的动力来监管出资企业的。这种机制上的缺陷使得国资委出资企业的剩余控制权甚至是名义控制权①更容易被企业内部经理人获取，更容易形成内部人控制现象，进一步加大了丧失"国家"这一所有者应有的剩余索取权的可能性。

A. 严格执行国有资产法。由于大部分农业上市公司的第一大股东是各层级的国资委，它们受国务院或各级人民政府的委托，是政府的特设机构，带有浓重的行政色彩。各层级国资委代表国务院和各级政府履行国有资本出资人职责的时候，应该完善其出资人的角色，避免行政化的影响。要严格按照国有资产法的规定，按照政企分开、社会公共管理职能与国有资产出资人职能分开、不干预企业依法自主经营的原则，依法履行出资人职责。

B. 完善董事、监事的选拔制度和绩效评价制度。各层级的国资委向其

---

① 这里的剩余控制权是指事先未能在契约中明确规定如何使用的权利，是决定资产在契约所限定的用途以外如何被使用的权利，名义控制权则是指事先在契约中明确规定在何种情况下如何使用的权利。

控股或参股的公司的股东大会提出董事、监事人选，这些人选将掌控上市公司的经营管理，他们能否胜任不仅事关国有资产保值增值的任务能否完成，同时也关系到广大中小股东的利益能否得到保障。因此，各层级国资委对董事、监事的建议任免应该建立健全相关的制度，要提高对推荐人选的要求，特别是提高在专业上的要求。新加坡的经济是政府主导型的经济，淡马锡控股代表国家履行出资人职责，运作比较成功，其经验有一定的借鉴意义。淡马锡控股为了提升出资企业的业绩，一直非常注重建立一支高素质的董事队伍和有效的董事会。

为保证被推荐人员认真履行出资人代表的职责，在他们的任用期内应该进行严格的考核，将经济责任落实到人，充分利用会计监督、审计监督的方式进行监管。国资委在以出资人的身份对监管企业进行绩效评价的时候，应完善绩效评价指标体系，对指标的评价不仅要重视不同时期的纵向比较，更应该重视与国际先进水平或国内先进水平的比较。在 2010 年初，国务院国资委对所监管的中央企业实行经济增加值的考核，经济增加值是指企业税后净营业利润扣除加权平均的资本成本后的差额，与传统的利润指标比较，它不仅扣除了债务资本成本，还扣除了股权资本成本。笔者认为，对于国有资本出资控股的企业都应该像央企一样引入经济增加值进行绩效评价，这样可以更好地引导企业提高资本的使用效率，有利于企业的可持续发展。

相对于其他行业，农业行业对资本、技术方面的要求总体较低，利润率的平均水平也因此相对较低。资本的逐利性导致对农业的投入意愿不足，也正因为如此，在很多国家农业都是一个被扶持的产业。很多农业上市公司在上市之初为争取到上市的名额而借用“农业”的头衔，在上市之后则借口多元化经营将业务转向房地产等其他高利润率的行业，这对国家的产业布局及相应的资源配置形成一定的负面影响。基于上述考虑，为引导农业上市公司将有限的资金投入到“农业”这一需要扶持的主营业务上来，在计算有关绩效评价指标时，应主要考虑主营业务利润和经常性损益。其他业务利润和非经常性损益则不应该作为主要考虑对象，比如可以减半计算。

作为各层级国资委委托的代理人，受委托的董事和监事的薪酬受到国资委一定程度的控制，他们的薪酬总体上比非国有上市公司董事和监事的薪酬要低。根据荣正咨询的《2010 上市公司高管身价排行榜》，2009 年国有控股上市公司高管的最高年薪均值为59.8万元，民营控股上市公司高管最高年薪的均值则为55万元（刘琼，2010）。或许是因为花私人的钱，所以民营控投上市公司高管的年薪要低一些。不管怎样，薪酬水平的高低应该与绩效评价的结果好坏紧密结合在一起，这方面的制度需要建立完善。

C、建立健全对国资委的监督考核体系。国有资产是全民所有的，国资委、国务院乃至全国人民代表大会都不是最终的所有者，国资委作为出资人代表行使的实质上还是代理人的职能，从理论上来说其职责履行情况也需要被监督考核。目前还缺乏完善的监督体系能对国资委的出资人代表职责履行情况进行监控，各层级的国资委只是从总体的角度对监管情况进行自我评价总结，向同级人民政府报告。笔者认为，就像国资委建立绩效评价体系考核监管企业一样，政府部门也应该用绩效评价指标对国资委进行考核，核心的指标应该是国有资产增值率。

（4）完善董事会、监事会对经理人的监控

虽然公司法没有规定董事长不能兼任总经理，但是公司法规定董事会决定聘任或者解聘公司经理及其报酬事项，如果董事长兼任总经理的话，就有自己决定自己的聘任或是薪酬的嫌疑了，从内部控制的角度看显然存在治理缺陷。董事会本可以运用是否聘任或是否改变薪酬的手段来约束经理人，使经理人按照股东的利益行事。而在董事长兼任总经理的情况下，这种约束作用极有可能丧失。为了发挥董事会约束经理人的作用，使股东的利益得到更好的保障，笔者认为应该改变目前农业上市公司中存在的董事长和总经理为同一人的现状，充分发挥聘任机制和薪酬机制对经理人员的激励约束作用。

对于监事会作用的有效发挥，除了要提高对人选专业上的要求之外，从法律上进一步强化监事的独立性也是必要的。现有的公司法规定，监事会中的股东代表由股东大会选举产生，职工代表由职工民主选举产生，职工代表在监事会中的具体比例由公司章程决定，这就意味着控股股东不仅直接决定了监事会中的股东代表，而且可以通过章程的修改间接决定职工代表的数量。公司法还规定："监事会的议事方式和表决程序，除本法有规定的外，由公司章程规定。"也就是说，控股股东可以通过章程的修改决定监事会的行权方式。可见，监事会的产生和职权的行使在根本上是受控股股东的控制的，它对经理人的监控是控股股东利益角度的监控，难以代表所有股东或者说是公司的利益，其独立性有待从立法上加以改进。

7.2.4.2 债权结构治理优化

(1)以股权激励措施促进债权资本治理效应的发挥

经理人适当的持股有利于债权资本治理效应的发挥。在经理人持股的条件下，经理人会考虑使自身所持股权的收益达到最大。在新增融资的决策中，债权融资与股权融资相比，更能使经理人达到自身所持股权收益最大的目标。一方面，债权融资不会使经理人所拥有的股权被稀释而导致其股权投资收益下降；另一方面，债权融资的利息负担是固定的，当所筹资金的利润率大于其利息率时，差额部分的收益归债务人即股东所有，因而能够提高股东的自有资金报酬率，经理人作为持股的股东之一，也希望能享受到这种财务杠杆带来的好处。因此，在经理人持股的条件下，出于自身利益最大化的考虑，经理人会在融资方式上的选择上有倾向于债权融资的动机，这就为债权资本发挥治理效应创造了必要的条件。农业上市公司，特别是国有资本控股、参股的农业上市公司，应该改变目前普遍的高管零持股的现象，这不但有利于股东与经理人利益的协调，使其保持一致，而且有利于债权资本治理效应的发挥。

(2)完善破产机制，强化债权资本的治理效应

破产法在我国经过较长时间的试行，在 2006 年 8 月份由人大通过，该法借鉴国际经验，经过各方面的深思熟虑，应该说是比较完善的，但是该法的执行却不够彻底。之所以这么说，是因为该法从 2007 年 6 月 1 日开始施行以来，有几十家上市公司符合破产条件进行破产重整，但是没有一家进行破产清算。其中的原因前已述及，主要是上市公司壳资源稀缺、政府考虑社会影响等因素。破产重整与破产清算不同，破产重整是债务人和债权人在法院主持下达成协议，制订重整计划，规定债务人在一定期限内按一定方式全部或部分清偿债务，债务人在重整期间可以继续经营。破产清算则是公司因为不能清偿到期债务并且资不抵债或明显缺乏清偿能力，法院接收申请组织清算组对公司财产进行清理、估价、处理和分配，债务人不再继续经营并且其法人资格在破产清算后被消灭。破产重整程序的中心是继续债务人的经营，需要拟订并执行重整的计划，这需要熟悉债务人的经营，而最熟悉债务人经营的就是债务人自己了，因此破产重整的主导实际上还是债务人自己。在我国的实践中，上市公司破产重整一般由清算组担任管理人，清

算组一般由主导机构、财务顾问、法律顾问以及有关部门派出的成员组成。而清算组中的主导机构一般是债务人的控股股东或其主管部门，如果是国有控股上市公司破产重整的话，清算组一般由国资委或政府主导。由控股股东主导重组必然是偏袒控股股东的利益的，其公正性值得怀疑。在重整实践中，普遍存在控股股东以压低偿债率引入战略投资者为由侵害债权人利益的现象。由于在上市公司破产重整的过程中其控股股东往往占据主导地位，上市公司的经理人因为熟悉公司的经营，有利于重整计划的拟订和执行，加上他们的聘任本来就是控股股东决定的，代表控股股东的利益，所以在破产重整的过程中经理人往往继续着公司的经营而不是被解聘。由此可见，破产重整给经理人带来的压力比起破产清算时被解聘而失业的压力来说要小多了。如果对符合破产条件下的上市公司一味推行破产重整加以挽救而不予以清算的话，债权资本所起到的治理效应势必大打折扣。因此，笔者的看法是，对于无生机可言的公司，该清算的还是要清算，这样债权资本对经理人的约束作用才能充分发挥出来。

(3)强化银行债权人的监控作用

农业上市公司的债务融资主要来自四大商业银行，银行作为大债权人有必要发挥债权资本的治理作用。但是银行本身的治理结构以及历史沿革方面的原因使得银行的债权人治理效应没有很好地发挥出来。我国的四大商业银行原本国有，行政化色彩浓厚，缺乏独立性。商业银行法的出台为银行的独立性提供了法律上的保障，而且上市后实现了股权多元化也改善了四大行的治理结构，但是较深的国有资本的背景使得银行的经营管理难以避免政府的行政干预，政府仍是绝对控股的最大股东[①]，通过中央汇金公司来代表国家行使出资人权利和履行出资人义务，人事任免上依然有较浓的行政化色彩[②]。国有资本控股并且一股独大使得银行市场化运作的目标难

---

① 2010 年中报显示，“中央汇金公司”持有中国银行 67.52%的股份，持有建设银行 57.09%的股份，持有工商银行 35.4%的股份(财政部持有 35.3%)，持有农业银行 44.48%的股份(财政部持有 43.7%)。

② 建设银行现任董事长曾担任央行副行长、外汇管理局局长、汇金公司董事长等职；中国银行现任董事长曾担任央行副行长、货币政策司司长等职；中国银行现任行长曾担任海南省副省长等职；农业银行现任董事长曾担任国家审计署副审计长、央行副行长等职。

以真正实现，在一定程度上降低了银行在市场逐利目标指导下对上市公司的监控意愿。银行与大部分农业上市公司有共同的国有资本控股的背景，共同的控股股东也降低了银行对上市公司的监控意愿。此外，银行与农业上市公司一样具有一股独大带来的代理问题，也存在经营者激励不足的问题，使得银行对上市公司的监控意愿进一步受损。强化银行的债权人监控作用，有赖于金融体制改革的深化，要坚持市场化的方向，减少政府对银行的控制，要完善经营者的激励约束机制，要使商业银行成为以价值最大化为目标的真正的市场主体。

(4)发展企业债券市场

发行债券和银行借款对上市公司有着不同的约束作用。银行借款是间接融资方式，存款人将钱存放到银行，银行再将钱贷给企业，四大商业银行国有资本控股的背景使其业务得到国家的隐性担保。而大部分的农业上市公司所具有的国有资本控股的背景使其与商业银行具有同根生的性质，如果银行借款到期不能归还的话，通常会有债务展期、重组等挽救的方式，从这个角度说，银行借款对债务人的约束是一种"软约束"。另外，银行借款是一种关系型的融资方式，银行与企业之间往往在长期的反复的接触中确立了比较稳固的借贷关系，这种关系也促成了银行对借款企业的"软约束"作用。而发行债券是一种直接融资的方式，发行债券的公司需要面对众多的债券投资者，投资者不是通过与发行债券的企业亲密接触建立某种稳固关系而获取信息购买债券的，投资者是通过资本市场获取发行债券企业公开的信息并做出购买债券的决策的，没有什么"关系"阻碍着投资者作为债权人的约束职能的行使。由于人数众多，投资者之间就债务展期、重组等问题很难协商达成一致意见，因此如果发行债券的公司不能按时还本付息往往就很快进入破产清算的程序，从这个角度看，发行债券对公司形成了一种"硬约束"。综上所述，发行债券的约束作用较银行借款强，发展债券市场有利于债券融资"硬约束"作用的发挥。另外，我国的债券市场主要是中长期的债券市场，2009 年企业债券中期化趋势得到了强化，五年期首次成为企业债券市场主流品种，规模占比达到了 33.62%[①]，因此，发展企业债券市场

① 《中国企业债券市场回顾与展望：二级市场行情总体趋势向好》，和讯债券网站，http://bond.hexun.com/2009-12-29/122186737.html，2009 年 12 月 29 日。

也有利于改善目前农业上市公司期限结构不合理、流动负债偏高的现状。

近年来，我国债券市场的规模不断扩大，企业直接融资渠道进一步拓宽，长期以来间接融资比重过大的局面正在逐渐得到改善。但是从债券的类型结构看，债券的发行还是以政府债券和金融债券为主，企业债券在发行总额中所占的比重则一直以来都比较低。2009 年，我国债券市场累计发行债券 4.9 万亿元，比上年大幅增加 90%左右。但是在这 4.9 万亿元中，企业通过企业债券与公司债券融资的金额大约只有 5000 亿元①，只占债券发行总额的 10%左右，远低于 2008 年的发行额。企业债券市场的萎缩落后，阻碍了上市公司利用债权资本发挥公司治理效应的作用。

我国企业债券的发行实行审批制，按《企业债券管理条例》规定，由国家相关主管部门拟定全国企业债券发行的年度规模和规模内的各项指标，报国务院批准后下达各省、自治区、直辖市、计划单列市人民政府和国务院有关部门执行。未经国务院同意，任何地方部门不得擅自突破企业债券发行的年度规模并不得擅自调整年度规模内的各项指标。中央企业发行企业债券由中国人民银行会同国家计划委员会审批，地方企业发行企业债券由中国人民银行省、自治区、直辖市、计划单列市分行会同同级计划主管部门审批。由于是行政审批债券的发行，所以主管部门偏向于将债券发行这一稀缺资源配置给预期效益好的国有大型企业，重点支持能源、交通、公用设施建设等项目，这一方面有利于配合贯彻国家的宏观调控政策，再一方面可以降低债券市场的风险。但是这样一来就制约了包括农业上市公司在内的一般企业通过发行企业债券来获取资金支持，农业上市公司很难成为企业债券发行的主体。发展债券市场需要改变债券发行的审批制，建立和完善债券发行的核准制。在核准制下，取消发行额度和指标的限制，由中介机构承担责任判断企业是否符合债券发行的条件，监管部门主要对债券发行的合规性进行实质性审查，并有权否决债券发行的申请。在这样的发行制度下更有利于市场化机制的运行。此外，为了使企业债券市场得到更大的发展，还需要进一步降低债券发行的实际成本，要培养独立的诸如投资银行、信用评级机构、会计师事务所等中介机构，要建立严格的信息披露制度，要进一

① 中国人民银行：《2009 年中国金融市场运行情况》，http://www.pbc.gov.cn/publish/bangongting/1268907564908/_fileupload/CDA9C4DD.pdf，2010 年 2 月 3 日。

步提升债券二级市场的流通程度。

本章小结

资本结构优化的目标取决于企业的财务目标,应该是股东财富最大或是企业价值最大。为优化资本结构,农业上市公司需要提高理财意识,合理安排负债比例;需要提高公司的绩效;需要防范风险,适度负债;需要优化股权治理结构和债权治理结构。在防范风险方面,农业上市公司若运用 Z 计分模型,需要调整风险判断标准为:当 Z<0.3 时,企业处于陷入财务危机之列;当 0.3<Z<0.7 时,企业属于“灰色区域”,不能简单判定企业是否将要陷入危机;当 Z>0.7 时,公司财务状况良好,发生财务危机的可能性极小。在优化股权治理结构方面,需要协调大股东与中小股东之间的利益冲突,需要充分利用股权激励强化治理效应,需要强化国有股本出资人角色,需要完善董事会、监事会对经理人的监控。在优化债权治理结构方面,需要以股权激励措施促进债权资本治理效应的发挥,需要完善破产机制,需要强化银行债权人的监控作用,需要进一步发展企业债券市场。

参 考 文 献

[1] 阿尔弗雷德·马歇尔.经济学原理[M].朱志泰,译.北京:商务印书馆,1964:43.

[2] 财政部注册会计师考试委员会办公室.财务成本管理[M].北京:经济科学出版社,2006:3—4.

[3] 陈共荣,胡振国.论资本结构与治理结构目标的一致性[J].会计研究,2003(6):51—53.

[4] 陈小悦,李晨.上海股市的收益与资本结构关系实证研究[J].北京大学学报(哲学社会科学版),1995(1):72—79.

[5] 陈小悦,徐晓东.股权结构、企业绩效与投资者利益保护[J].经济研究,2001(11):3—11.

[6] 冯根福,吴林江,刘世彦.我国上市公司资本结构形成的影响因素分析[J].经济学家,2000(5):59—66.

[7] 何大安.行为经济人有限理性的实现程度[J].中国社会科学,2004(4):91—101.

[8] 和讯网.国资委主要职责、内设机构和人员编制规定明细[EB/OL].(2008-07-23)[2008-07-25] http://news.hexun.com/2008-07-23/107632006.html.

[9] 洪锡熙,沈艺峰.我国上市公司资本结构影响因素的实证分析[J].厦门大学学报(哲学社会科学版),2000(3):114—120.

[10] 胡援成等.中国企业资本结构问题研究[M].北京:中国财政经济出版社,2008:51—73.

[11] 黄少安,张岗.中国上市公司股权融资偏好分析[J].经济研究,2001(11):13—27.

[12] 黄贵海,宋敏.中国上市公司的资本结构[J].上证研究,2003(3):1—47.

[13] 姜付秀,刘志彪.经济波动中的资本结构与产品市场竞争[J].金融研

究,2005(12):73—85.

[14] 姜付秀,屈耀辉,陆正飞,李焰.产品市场竞争与资本结构动态调整[J].经济研究,2008(4):99—111.

[15] 李秉祥.基于资本市场信息的上市公司财务危机动态预测模型研究[J].管理工程学报,2005(4):49—52.

[16] 李善民,苏赟.影响中国上市公司资本结构的因素分析[C]//刘树成,沈沛.中国资本市场前言理论研究文集.北京:社会科学文献出版社,2000:563—583.

[17] 李维安.现代公司治理研究:资本结构、公司治理和国有企业股份制改造[M].北京:中国人民大学出版社,2002:160—188.

[18] 李子奈,叶阿忠.高等计量经济学[M].北京:清华大学出版社,2000:132—147.

[19] 柳松.农业类上市公司资本结构的影响因素实证研究[J].经济问题探索,2005(5):80—83.

[20] 刘琼.非国有控股上市公司:市场决定薪酬[N].第一财经日报,2010-5-14(3).

[21] 刘志彪,姜付秀,卢二坡.资本结构与产品市场竞争强度[J].经济研究,2003(7):60—67.

[22] 陆正飞.企业适度负债的理论分析与实证研究[J].经济研究,1996(2):52—58.

[23] 陆正飞,高强.中国上市公司融资行为研究——基于问卷调查分析[J].会计研究,2003(10):16—25.

[24] 陆正飞,辛宇.上市公司资本结构主要影响因素之实证研究[J].会计研究,1998(8):34—37.

[25] 吕长江,韩慧博.上市公司资本结构特点的实证分析[J].南开管理评论,2001(5):26—29.

[26] 吕长江,王克敏.上市公司资本结构、股利分配及管理股权比例相互作用机制研究[J].会计研究,2002(3):39—48.

[27] 齐寅峰,王曼舒,黄福广,李莉,李翔,李胜楠,何青,古志辉,向冠春.中国企业投融资行为研究——基于问卷调查结果的分析[J].管理世界,2005(3):94—114.

[28] 屈耀辉,姜付秀,陈朝晖.资本结构决策具有战略效应吗[J].管理世界,2007(2):69—75.

[29] 饶育蕾.制度适应与市场博弈:企业资本结构的形成机理[M].北京:经济科学出版社,2003:141—147.

[30] 沈维涛,叶晓铭. EVA对上市公司资本结构影响的实证研究[J].经济研究,2004(11):47—57.

[31] 唐楚生.农业上市公司资本结构优化研究[M].北京:中国农业出版社,2006:94—109.

[32] 童勇.资本结构的动态调整和影响因素[J].财经研究,2004(10):96—104.

[33] 汪辉.上市公司债务融资、公司治理与市场价值[J].经济研究,2003(8):28—35.

[34] 汪昌云.公司财务政策与公司治理:中国的实践[M].北京:中国人民大学出版社,2006:173—188.

[35] 王化成,李志杰,孙健.境外上市背景下治理机制对公司价值的影响——基于融资决策传导效应的研究[J].会计研究,2008(7):90—100.

[36] 王娟,杨凤林.中国上市公司资本结构影响因素的最新研究[J].国际金融研究,2002(8):45—52.

[37] 肖作平,吴世农.我国上市公司资本结构影响因素实证研究[J].证券市场导报,2002(8):39—44.

[38] 肖作平.资本结构影响因素:理论和证据[J].证券市场导报,2003(6):58—63.

[39] 亚当·斯密(Adam Smith).国富论[M].胡长明,译.北京:人民日报出版社,2009.

[40] 晏艳阳,陈共荣.我国上市公司的资本结构与代理成本问题分析[J].会计研究,2001(9):28—33.

[41] 杨亚达.国有企业资本结构的实证分析[J].管理世界,2002(4):148—150.

[42] 姚琼.农业上市公司资本结构研究[M].北京:经济科学出版社,2005.

[43] 袁康来,李继志.财务危机预警实证研究——来自农业上市公司的经

验证据[M]. 北京:社会科学文献出版社,2009:69—77.

[44] 张昌彩. 企业融资结构与资本市场发展[J]. 管理世界,1998(3):92—102.

[45] 张桂林,杜颖. 电力行业上市公司资本结构与公司绩效实证分析[J]. 湖南大学学报(社会科学版),2003(3):31—33.

[46] 张维迎. 从公司治理结构看中国国有企业改革[M]. 北京:北京大学出版社,1999.

[47] 张兆国,宋丽梦,张庆. 我国上市公司资本结构影响股权代理成本的实证分析[J]. 会计研究,2005(8):44—49.

[48] 郑长德. 企业资本结构理论与实证研究[M]. 北京:中国财政经济出版社,2004:217.

[49] 郑家喜. 资本结构对家族上市公司治理效率影响的实证研究[J]. 管理世界,2007(9):168—169.

[50] 郑家喜,杜长乐. 我国农业上市公司资本结构影响因素的实证研究[J]. 农业经济问题, 2007(11):39—43.

[51] 祝瑞敏,李长强. 股票期权激励机制及其在我国上市公司的应用[J]. 上海会计,2008(3):45—47.

[52] 朱凯,陈信元. 银行腐败与公司资本结构决策[J]. 金融研究,2007(1):31—43.

[53] Aghion P, Bolton P. An Incomplete Contracts Approach to Financial Contractin[J]. The Review of Economic Studies, 1992,59(3): 473—494.

[54] Altman E I. Financial Ratios Discriminant Analysis and the Prediction of Corporate Bankruptcy[J]. The Journal of Finance, 1968,23(4): 589—609.

[55] Baron D P. Default Risk, Homemade Leverage, and the Modigliani-Miller Theorem[J]. The American Economic Review, 1974,64(1): 176—182 .

[56] Baxter N D. Leverage, Risk of Ruin and the Cost of Capital[J]. The Journal of Finance, 1967,22(3): 395—403.

[57] Blair M M. Ownership and Control: Rethinking Corporate Govern-

ance for the Twenty-First Century[M]. Washington D. C.: The Brookings Institution,1995.

[58] Bolton P, Freixas X. Equity, Bonds, and Bank Debt: Capital Structure and Financial Market Equilibrium under Asymmetric Information[J]. Journal of Political Economy, 2000,108(2): 324—351.

[59] Brennan M, Kraus A. Efficient Financing Under Asymmetric Information[J]. The Journal of Finance, 1987, 42(5): 1225—1243.

[60] Burgman T A. An Empirical Examination of Multinational Corporate Capital Structure[J]. Journal of International Business Studies, 1996, (3): 553—570.

[61] Coase R H. The New Institutional Economics[J]. Journal of Institutional and Theoretical Economics, 1984, 140: 229—231.

[62] Dann L Y, DeAngelo H. Corporate Financial Policy and Corporate Control: A Study of Defensive Adjustments in Asset and Ownership Structure[J]. Journal of Financial Economics. 1988, 20(1): 87—127 .

[63] Deangelo H, Masulis R. Optimal Capital Structure under Corporate and Personal Taxation[J]. Journal of Financial Economics, 1980, (8): 3—29.

[64] Dewatripont M, Tirole J. A Theory of Debt and Equity: Diversity of Securities and Manager-shareholder Congruence[J]. Quarterly Journal of Economics, 1994, 109(4): 1027—1054.

[65] Durand D. Cost of Debt and Equity Funds for Business, Trends and Problerms of Measurement[C]. Conference on Research on Business Finance, New York, National Bureau of Economic Research, 1952: 215—247.

[66] Dyck A, Zingales L. Private Benefits of Control: An International Comparison[G]. NBER Working Paper, 2001: 8711.

[67] Farrar D E, Selwyn L L. Taxes Corporate Financial Policy and Return to Investors[J]. National Tax Journal, 1967, 20(4): 444—454.

[68] Flannery M J. Asymmetric Information and Risky Debt Maturity

Choice[J]. The Journal of Finance, 1986, 41(1): 19—37.

[69] Harris M, Raviv A. Capital Structure and the Informational Role of Debt[J]. The Journal of Finance, 1990, 45(2): 321—349 .

[70] Hart O, Moore J. Default and Renegotiation: A Dynamic Model of Debt[J]. Quarterly Journal of Economics, 1998, 113(1): 1—41 .

[71] Haugen R A, Senbet L W. Resolving the Agency Problems of External Capital through Options[J]. The Journal of Finance, 1981, 36(3): 629—647.

[72] Heinkel R, Zechner J. The Role of Debt and Perferred Stock as a Solution to Adverse Investment Incentives[J]. The Journal of Financial and Quantitative Analysis, 1990, 25(1), 1—24.

[73] Israel R. Capital and Ownership Structure, and the Market for Corporate Control[J]. The Review of Financial Studies, 1992, 5(2): 181—198.

[74] Jensen M C, Meckling W H. Theory of the Firm: Managerial Behavior, Agency Costs and Ownership Structure[J]. Journal of Financial Economics, 1976(3): 305—360.

[75] La Porta R, lopez-de-silanes F, shleifer A, vishnhy R. Investor Protection and Corporate Valuation[J]. Journal of finance, 2002, 57(3): 1147—1170.

[76] Leland H E, Pyle D H. Informational Asymmetries, Financial Structure, and Financial Intermediation[J]. The Journal of Finance, 1977, 32(2): 371—387.

[77] Miller M H. Debt and Taxes[J]. The Journal of Finance, 1977, 32(2): 261—275.

[78] Miller M H, Rock K. Dividend Policy under Asymmetric Information[J]. The Journal of Finance, 1985,40(4): 1031—1051.

[79] Modigliani F, Miller M H. The Cost of Capital, Corporation Finance and the Theory of Investment[J]. The American Economic Review, 1958, 8(3): 261—297.

[80] Modigliani F, Miller M H. Corporate Income Taxes and the Cost of

Capital: A Correction[J]. The American Economic Review, 1963, 53(3): 433—443.

[81] Myers S C, Majluf N. Corporate financing and Investment Decisions When Firms Have Information Investors not Have[J]. Journal of Financial Economics, 1984,13: 187—221.

[82] Myers S C. The Capital Structure Puzzle[J]. The Journal of Finance, 1984, 39(3): 575—592.

[83] Robichek A A, Myers S C. Problems in the Theory of Optimal Capital Structure[J]. Journal of Financial and Quantitative Analysis, 1966, 1(1): 1—35.

[84] Ross S A. The Determination of Financial Structure: The Incentive-Signalling Approach[J]. Journal of Economics, 1977, 8(1): 23—40.

[85] Smith C W, Warner J B. On Financial Contracting: An Analysis of Bond Covenants[J]. Journal of Financial Economics, 1979, 7(2): 117—161.

[86] Stiglitz J E. A Re-Examination of the Modigliani-Miller Theorem [J]. The American Economic Review, 1969, 59(5): 784—793.

[87] Stulz R M. Managerial Control of Voting Rights: Financing Policies and the Market for Corporate Control[J]. Journal of Financial Economics, 1988, 20(1): 25—54.

[88] Stulz R M, Johnson H. Analysis of Secured Debt[J]. Journal of Financial Economics, 1985, 14(4): 501—521.

[89] Titman S, Wessels R. The Determinant of Capital Structure Choice [J]. The Journal of Finance, 1988, 43(1):1—19.

[90] Warner J B. Bankruptcy Costs: Some Evidence[J]. The Journal of Finance, 1977, 32(2): 337—347.

[91] White M J. Bankruptcy Costs and the New Bankruptcy Code[J]. The Journal of Finance, 1983, 38(2): 477—488.

[92] Williamson O E. Corporate Finance and Corporate Governance[J]. The Journal of Finance, 1988, 43(3):567—591.

附　　录

附录1　农业上市公司前十大股东持股情况(2009-12-31)

股票代码	股东名称	持股数量	持股比例(%)	持股排名
000592	山田林业开发(福建)有限公司	317344464	54.8	1
000592	许志红	34060000	5.88	2
000592	福建省华侨信托投资公司	5423600	0.94	3
000592	中国建银投资有限责任公司	1859000	0.32	4
000592	福建省九盛经济开发公司	1347775	0.23	5
000592	兴业证券股份有限公司	929500	0.16	6
000592	侨益福建房地产开发有限公司	873730	0.15	7
000592	苏州工业园区农工商总公司	709208	0.12	8
000592	宋红	694253	0.12	9
000592	象山黄金海岸大酒店有限公司	690000	0.12	10
000663	福建省永安林业(集团)总公司	64884600	32	1
000663	永安市财政局	18635400	9.19	2
000663	福建省青山纸业股份有限公司	11121700	5.49	3
000663	永安市林业建设投资公司	4680000	2.31	4
000663	三明市林业总公司	4680000	2.31	5
000663	厦门冠海海运有限公司	1700000	0.84	6
000663	李淑琴	1100000	0.54	7
000663	张保忠	938000	0.46	8
000663	叶科	856154	0.42	9
000663	陈克宁	679600	0.34	10
000713	合肥市建设投资控股(集团)有限公司	84951000	37.76	1
000713	中国银行一嘉实成长收益型证券投资基金	2499868	1.11	2

续 表

股票代码	股东名称	持股数量	持股比例(%)	持股排名
000713	李茂胜	2200000	0.98	3
000713	合众人寿保险股份有限公司－分红－个险分红	2000000	0.89	4
000713	交通银行－中海优质成长证券投资基金	1999996	0.89	5
000713	中国农业银行－中邮核心优势灵活配置混合型证券投资基金	1587960	0.71	6
000713	中国银行－嘉实主题精选混合型证券投资基金	1499946	0.67	7
000713	中国工商银行－申万巴黎盛利精选证券投资基金	1249473	0.56	8
000713	中国对外经济贸易信托有限公司－尊享权益积极策略3号	1200000	0.53	9
000713	中国银行－银华领先策略股票型证券投资基金	963970	0.43	10
000735	海南罗牛山控股集团有限公司	90705000	10.31	1
000735	海口永盛畜牧机械工程有限公司	27644584	3.14	2
000735	海南深兴贸易有限公司	14450000	1.64	3
000735	海南兴牧饲料有限公司	14450000	1.64	4
000735	海南兴地实业投资有限公司	13005000	1.48	5
000735	中国农业银行－益民创新优势混合型证券投资基金	12765499	1.45	6
000735	湖北新锐科技发展有限公司	12131000	1.38	7
000735	中经信投资有限公司	8670000	0.99	8
000735	海南冠翔贸易有限公司	7225000	0.82	9
000735	沈阳荣建实业有限公司	6867279	0.78	10
000798	中国农业发展集团总公司	81003133	25.36	1
000798	中国水产舟山海洋渔业公司	65032154	20.36	2
000798	中国华农资产经营公司	43009713	13.46	3
000798	胡光剑	1486900	0.47	4
000798	李敬	1200000	0.38	5
000798	耿汝明	951784	0.3	6
000798	王丽芬	645416	0.2	7

续　表

股票代码	股东名称	持股数量	持股比例(%)	持股排名
000798	赵彩娟	600000	0.19	8
000798	左秀海	518400	0.16	9
000798	曾祥	514450	0.16	10
000860	北京顺鑫农业发展集团有限公司	206094000	47	1
000860	中国人寿保险股份有限公司－分红－个人分红－005L－FH002 深	9021235	2.06	2
000860	中国农业银行－大成创新成长混合型证券投资基金(LOF)	7798600	1.78	3
000860	中国银行－大成财富管理 2020 生命周期证券投资基金	6811692	1.55	4
000860	中国工商银行－南方隆元产业主题股票型证券投资基金	6548311	1.49	5
000860	国投信托有限公司－国投光华精选证券投资资金信托	5099866	1.16	6
000860	国际金融－花旗－MARTIN CURRIE INVESTMENT MANAGEMENT LIMITED	4799929	1.09	7
000860	中国工商银行－招商核心价值混合型证券投资基金	4567847	1.04	8
000860	中国农业银行－益民创新优势混合型证券投资基金	3941840	0.9	9
000860	中融国际信托有限公司－中融建行财富四号－001	3871155	0.88	10
000998	长沙新大新威迈农业有限公司	58800003	21.21	1
000998	湖南杂交水稻研究中心	22285714	8.04	2
000998	中国银行—嘉实主题精选混合型证券投资基金	8278670	2.99	3
000998	袁隆平	4457143	1.61	4
000998	中国工商银行—南方隆元产业主题股票型证券投资基金	3672325	1.32	5
000998	中国银行—嘉实成长收益型证券投资基金	1499990	0.54	6
000998	中国科学院亚热带农业生态研究所	1248000	0.45	7
000998	中国工商银行—开元证券投资基金	1020868	0.37	8

续 表

股票代码	股东名称	持股数量	持股比例(%)	持股排名
000998	康莉	973800	0.35	9
000998	王秀荣	802286	0.29	10
002041	莱州市农业科学院	93185064	52.95	1
002041	李登海	12812800	7.28	2
002041	中国建设银行一银华核心价值优选股票型证券投资基金	5278915	3	3
002041	莱州市高新投资有限责任公司	3700000	2.1	4
002041	毛丽华	3603600	2.05	5
002041	中国银行一嘉实主题精选混合型证券投资基金	3557100	2.02	6
002041	中国工商银行一南方隆元产业主题股票型证券投资基金	2710575	1.54	7
002041	中国建设银行一银华富裕主题股票型证券投资基金	2479794	1.41	8
002041	兴业银地股份有限公司一中欧新趋势股票型证券投资基金(LOF)	1850000	1.05	9
002041	中国光大银行股份有限公司一泰信先行策略开放式证券股资基金	1499967	0.85	10
002069	长海县獐子岛投资发展中心	107809600	47.66	1
002069	长海县獐子岛褡裢经济发展中心	17095600	7.56	2
002069	吴厚刚	16960000	7.5	3
002069	长海县獐子岛大耗经济发展中心	16485200	7.29	4
002069	长海县獐子岛小耗经济发展中心	11142800	4.93	5
002069	华润深国投信托有限公司一重阳3期证券投资集合资金信托	1830020	0.81	6
002069	海通一中行一富通银行	1299877	0.57	7
002069	CITIGROUP GLOBAL MARKETS LIMITED	1260565	0.56	8
002069	东方证券一农行一东方红3号集合资产管理计划	1000000	0.44	9
002069	中国建设银行一华夏红利混合型开放式证券投资基金	683701	0.3	10
002086	山东东方海洋集团有限公司	61000000	25.02	1

续　表

股票代码	股东名称	持股数量	持股比例(%)	持股排名
002086	车轼	8000000	3.28	2
002086	北京华星丰润投资咨询有限公司	4475000	1.84	3
002086	吕喜川	3728488	1.53	4
002086	赵玉山	3422900	1.4	5
002086	张日焕	2668096	1.09	6
002086	北京恒百锐商贸有限公司	2632100	1.08	7
002086	丛义周	1454114	0.6	8
002086	朱春生	1252267	0.51	9
002086	杜顺如	724850	0.3	10
002200	何学葵	43257985	28.63	1
002200	中国科学院昆明植物研究所	8745658	5.79	2
002200	云南省红河热带农业科学研究所	7572371	5.01	3
002200	四川万佳投资有限责任公司	4860000	3.22	4
002200	中诚信托有限责任公司－2008 年中诚信托字 FT 第 055 号	3681873	2.44	5
002200	深圳市殷图科技发展有限公司	3600000	2.38	6
002200	蒋凯西	3028214	2	7
002200	中国银行－嘉实增长开放式证券投资基金	2247170	1.49	8
002200	交通银行－安顺证券投资基金	2199990	1.46	9
002200	中原证券股份有限公司	2132582	1.41	10
002234	孙希民	57155000	53.17	1
002234	烟台裕凯电器有限公司	5635000	5.24	2
002234	蓬莱丰发水产有限公司	3050000	2.84	3
002234	招商银行股份有限公司－光大保德信优势配置股票型证券投资基金	2111266	1.96	4
002234	王拓宇	1603386	1.49	5
002234	朱爱武	1500000	1.4	6
002234	郑金林	1500000	1.4	7
002234	刘逢燕	1500000	1.4	8.4

续 表

股票代码	股东名称	持股数量	持股比例(%)	持股排名
002234	叶剑平	1500000	1.4	9
002234	兴业银行股份有限公司－光大保德信红利股票型证券投资基金	1499881	1	
600108	甘肃省农垦集团有限责任公司	295800665	17.03	1
600108	甘肃亚盛盐化工业集团有限责任公司	211084380	12.15	2
600108	甘肃金塔县恒盛农业发展有限责任公司	64875381	3.73	3
600108	甘肃宏泰农业科技有限责任公司	20624760	1.19	4
600108	中国银行－嘉实沪深300指数证券投资基金	9042914	0.52	5
600108	中国工商银行股份有限公司－华夏沪深300指数证券投资基金	6203252	0.36	6
600108	山东龙喜集团公司	6000000	0.35	7
600108	冯桂杰	4917685	0.28	8
600108	黄雪	4318890	0.25	9
600108	甘肃省国营生地湾双丰化工厂	4300000	0.25	10
600180	中银信投资有限公司	75000000	29.88	1
600180	青岛春雨广告装饰工程有限公司	31837961	12.68	2
600180	青岛嘉瑞祥商贸有限公司	9499000	3.78	3
600180	烟台市牟平区投资公司	7603484	3.02	4
600180	山东九发食用菌股份有限公司(破产企业财产处置专户)	1760146	0.7	5
600180	黄振强	1625645	0.65	6
600180	袁纪六	1242855	0.5	7
600180	兴业银行股份有限公司济南分行	939176	0.37	8
600180	谢燕联	918243	0.37	9
600180	交通银行股份有限公司	886230	0.35	10
600189	中国吉林森林工业集团有限责任公司	145933226	47	1
600189	海通－中行－FORTIS BANK SA/NV	6462311	2.081	2
600189	深圳和勤投资管理有限公司	3100008	0.998	3
600189	中国银行－华夏大盘精选证券投资基金	3000000	0.966	4

续　表

股票代码	股东名称	持股数量	持股比例(%)	持股排名
600189	东方证券—农行—东方红3号集合资产管理计划	2829901	0.911	5
600189	深圳市远迪科技发展有限公司	1907099	0.614	6
600189	中国建设银行—华夏红利混合型开放式证券投资基金	1150111	0.37	7
600189	中国建设银行股份有限公司—鹏华盛世创新股票型证券投资基金(LOF)	1000000	0.322	8
600189	中国银行股份有限公司—华夏策略精选灵活配置混合型证券投资基金	1000000	0.322	9
600189	中国工商银行股份有限公司—广发中证500指数证券投资基金(LOF)	778388	0.251	10
600251	新疆生产建设兵团农业建设第二师二十九团	76242906	21.06	1
600251	新疆生产建设兵团农业建设第二师二十八团	70494923	19.47	2
600251	新疆生产建设兵团农业建设第二师三十团	42587895	11.76	3
600251	中国银行—嘉实主题精选混合型证券投资基金	11021086	3.04	4
600251	全国社保基金一零九组合	7047210	1.95	5
600251	中信证券股份有限公司	6422610	1.77	6
600251	中国银行—工银瑞信核心价值股票型证券投资基金	4800000	1.33	7
600251	兴业银行股份有限公司—兴业趋势投资混合型证券投资基金	4550662	1.26	8
600251	同德证券投资基金	4400728	1.22	9
600251	中国建设银行—工银瑞信精选平衡混合型证券投资基金	3510190	0.97	10
600257	湖南泓鑫控股有限公司	95034641	22.25	1
600257	湖南省沱龙峡生态旅游开发有限公司	2337900	0.55	2
600257	中国工商银行— 广发稳健增长证券投资基金	2200000	0.52	3
600257	吴德祥	1961522	0.46	4
600257	张达	1931200	0.45	5
600257	翁长开	1900000	0.44	6

续 表

股票代码	股东名称	持股数量	持股比例(%)	持股排名
600257	张永龙	1869922	0.44	7
600257	夏蒙辉	1865000	0.44	8
600257	张朝全	1853300	0.44	9
600257	汤照金	1835000	0.43	10
600265	景谷森达国有资产经营有限责任公司	33193176	25.57	1
600265	中泰信用担保有限公司	31702700	24.42	2
600265	云南省投资控股集团有限公司	2711578	2.09	3
600265	景谷傣族彝族自治县电力有限责任公司	1338200	1.03	4
600265	胡坚	972727	0.75	5
600265	景谷傣族彝族自治县林业投资有限公司	911462	0.7	6
600265	孙方伟	416100	0.33	7
600265	戴发祥	403592	0.31	8
600265	北京伊特纳投资有限公司	370000	0.29	9
600265	刘月华	350000	0.27	10
600275	北京华普产业集团有限公司	105671418	20.77	1
600275	赵川	16000000	3.14	2
600275	孟祥龙	16000000	3.14	3
600275	梅强	14000000	2.75	4
600275	管奕斐	13297799	2.61	5
600275	孙卫星	12600000	2.48	6
600275	吴鸣霄	10010000	1.97	7
600275	鄂州市建设投资公司	4956042	0.97	8
600275	陈佳	2915800	0.57	9
600275	湖北辰隆经济开发公司	2305212	0.45	10
600354	酒泉地区现代农业(控股集团)有限责任公司	31927919	17.17	1
600354	敦煌市供销合作社联合社	18210398	9.79	2

续　表

股票代码	股东名称	持股数量	持股比例(%)	持股排名
600354	中国工商银行－南方隆元产业主题股票型证券投资基金	7999773	4.3	3
600354	金塔县供销合作联社	6659385	3.58	4
600354	中国光大银行股份有限公司－泰信先行策略开放式证券投资基金	6213556	3.34	5
600354	中国建设银行－工银瑞信稳健成长股票型证券投资基金	6161876	3.31	6
600354	中国农业银行－华夏复兴股票型证券投资基金	5189790	2.79	7
600354	中国银行－泰信优质生活股票型证券投资基金	4500000	2.42	8
600354	中国建设银行－华夏红利混合型开放式证券投资基金	3940624	2.12	9
600354	中国银行－华夏回报证券投资基金	3232519	1.74	10
600359	阿拉尔统众国有资产经营有限责任公司	163050000	50.79	1
600359	中国人寿保险股份有限公司－传统－普通保险产品－005L－CT001 沪	2179013	0.68	2
600359	李金英	1799105	0.56	3
600359	中国人寿保险(集团)公司－传统－普通保险产品	1607540	0.5	4
600359	李江	1584499	0.49	5
600359	中国人寿保险股份有限公司－万能－国寿瑞安	1499993	0.47	6
600359	刘世强	1470000	0.46	7
600359	周荣国	1430528	0.45	8
600359	李严新	1422614	0.44	9
600359	中国建设银行股份有限公司－华商盛世成长股票型证券投资基金	1205437	0.38	10
600438	通威集团有限公司	378525940	55.06	1
600438	刘定全	9423984	1.37	2
600438	中国工商银行－广发策略优选混合型证券投资基金	6406358	0.93	3
600438	四川眉山金腾投资开发有限责任公司	5220000	0.76	4

续 表

股票代码	股东名称	持股数量	持股比例(%)	持股排名
600438	北京锦绣江南咨询有限公司	4233800	0.62	5
600438	刘克明	3284200	0.48	6
600438	刘汉中	3004008	0.44	7
600438	何志林	3004008	0.44	8
600438	熊照明	2821107	0.41	9
600438	管超	2770216	0.4	10
600467	好当家集团有限公司	296904800	46.86	1
600467	中国银行一大成财富管理2020生命周期证券投资基金	11999834	1.89	2
600467	中国工商银行一诺安平衡证券投资基金	7768223	1.23	3
600467	中国银行一泰信优质生活股票型证券投资基金	6270238	0.99	4
600467	国际金融一花旗一MARTIN CURRIE INVESTMENT MANAGEMENT LIMITED	5999973	0.95	5
600467	全国社保基金一零组合	5851195	0.92	6
600467	中国农业银行一大成景阳领先股票型证券投资基金	3999943	0.63	7
600467	中国光大银行股份有限公司一泰信先行策略开放式证券投资基金	3999937	0.63	8
600467	交通银行一华安创新证券投资基金	3608306	0.57	9
600467	中国银行一华宝兴业先进成长股票型证券投资基金	3500000	0.55	10
600506	新疆巴州沙依东园艺场	29168817	19.75	1
600506	库尔勒市库尔楚园艺场	8086996	5.48	2
600506	严承标	1504280	1.02	3
600506	王军花	1434800	0.97	4
600506	李宝顺	1058616	0.72	5
600506	刘嘉伟	951220	0.64	6
600506	康有柱	938737	0.63	7
600506	孙志敏	863302	0.58	8

续　表

股票代码	股东名称	持股数量	持股比例(%)	持股排名
600506	胡美娟	670000	0.45	9
600506	杜佩莲	630701	0.43	10
600540	新疆艾比湖农工商联合企业总公司	115344486	49.53	1
600540	中国银行—嘉实主题精选混合型证券投资基金	10000483	4.3	2
600540	中国工商银行—诺安平衡证券投资基金	5134514	2.21	3
600540	中国银行—友邦华泰积极成长混合型证券投资基金	2647440	1.14	4
600540	中国建设银行—工银瑞信精选平衡混合型证券投资基金	1737407	0.75	5
600540	新疆生产建设兵团农五师国有资产经营有限责任公司	1311450	0.56	6
600540	新疆生产建设兵团农五师农业生产资料公司	1072095	0.46	7
600540	中国银行股份有限公司—友邦华泰盛世中国股票型开放式证券投资基金	799933	0.34	8
600540	李旭东	776550	0.33	9
600540	朱美哎	500000	0.22	10
600598	黑龙江北大荒农垦集团总公司	1140262121	66.51	1
600598	中国太平洋财产保险股份有限公司—传统—普通保险产品—013CCT001 沪	16624247	0.97	2
600598	中国工商银行—南方隆元产业主题股票型证券投资基金	14907062	0.87	3
600598	交通银行—华安宝利配置证券投资基金	12801915	0.75	4
600598	中国建设银行—华夏红利混合型开放式证券投资基金	11025408	0.64	5
600598	中国工商银行—华安中小盘成长股票型证券投资基金	9402250	0.55	6
600598	中国工商银行—上证 50 交易型开放式指数证券投资基金	6605410	0.39	7
600598	中国工商银行—开元证券投资基金	4714200	0.27	8
600598	中国银行—嘉实沪深 300 指数证券投资基金	4462820	0.26	9

续 表

股票代码	股东名称	持股数量	持股比例(%)	持股排名
600598	中国建设银行一中信红利精选股票型证券投资基金	4024640	0.23	10
600965	三河福成投资有限公司	77287521	27.66	1
600965	五丰行有限公司	30828543	11.03	2
600965	内蒙古贸发粮油食品进出口有限责任公司	7539162	2.69	3
600965	中国银行—工银瑞信核心价值股票型证券投资基金	2999913	1.07	4
600965	纪坤	920436	0.32	5
600965	苏秀英	919644	0.32	6
600965	刘凤宇	706695	0.25	7
600965	罗慧雯	604735	0.21	8
600965	中国建设银行股份有限公司—上投摩根中小盘股票型证券投资基金	600000	0.21	9
600965	王安平	504443	0.18	10
600975	湖南省粮油食品进出口集团有限公司	67667389	37.54	1
600975	中国农业大学	2192355	1.22	2
600975	五丰行有限公司	1023551	0.57	3
600975	中国银行一工银瑞信核心价值股票型证券投资基金	1000000	0.55	4
600975	中国建设银行一上投摩根成长先锋股票型证券投资基金	548038	0.3	5
600975	NAM KWONG CEREALS OILS AND FOODSTUFFS COMPANY LIMITED	438471	0.24	6
600975	邓平珍	400648	0.22	7
600975	黄景新	360502	0.2	8
600975	于连永	353800	0.2	9
600975	中国建设银行股份有限公司一上投摩根中小盘股票型证券投资基金	299958	0.17	10

资料来源:CSMAR

附录 2　农业上市公司董事、监事、高级管理人员 2009 年年末持股情况

股票代码	统计截止日期	总股数	高级管理人员持股数	持股比例(%)
000592	2009-12-31	579051565	57700	0.0100
000663	2009-12-31	202760280	15161	0.0075
000713	2009-12-31	225000000	4831	0.0021
000735	2009-12-31	880132000	252194	0.0287
000798	2009-12-31	319455000	21346	0.0067
000860	2009-12-31	438540000	45055	0.0103
000998	2009-12-31	277200000	4458480	1.6084
002041	2009-12-31	176000000	16607420	9.4360
002069	2009-12-31	226200000	17022406	7.5254
002086	2009-12-31	243850000	11680600	4.7901
002200	2009-12-31	151087104	46286199	30.6354
002234	2009-12-31	107500000	57155000	53.1674
600108	2009-12-31	1736991221	1984078	0.1142
600180	2009-12-31	250990080	0	0.0000
600189	2009-12-31	310500000	15420	0.0050
600251	2009-12-31	362100000	415444	0.1147
600257	2009-12-31	427050000	0	0.0000
600265	2009-12-31	129800000	0	0.0000
600275	2009-12-31	508837238	0	0.0000
600354	2009-12-31	185966400	0	0.0000
600359	2009-12-31	321000000	0	0.0000
600438	2009-12-31	687520000	2388800	0.3475
600467	2009-12-31	633600000	492800	0.0778
600506	2009-12-31	147706873	0	0.0000
600540	2009-12-31	232852672	0	0.0000
600598	2009-12-31	1714481800	0	0.0000
600965	2009-12-31	279403237	0	0.0000
600975	2009-12-31	180277020	0	0.0000

附录 3 董事长持股情况

证券代码	统计截止日期	姓名	具体职务	年末持股数
000592	2009-12-31	刘平山	董事长	55770
000663	2009-12-31	吴景贤	董事长	0
000713	2009-12-31	陈茂新	董事长	0
000735	2009-12-31	胡电铃	董事长	14277
000798	2009-12-31	刘身利	董事长	20700
000860	2009-12-31	李维昌	董事长,总经理	0
000998	2009-12-31	伍跃时	董事长	0
002041	2009-12-31	李登海	董事长	12812800
002069	2009-12-31	吴厚刚	董事长,总裁	16960000
002086	2009-12-31	车轼	董事长	800
002200	2009-12-31	何学葵	董事长	43257985
002234	2009-12-31	孙希民	董事长,总经理	57155000
600108	2009-12-31	何宗仁	董事长	0
600180	2009-12-31	邢国珍	董事长	0
600189	2009-12-31	柏广新	董事长	0
600251	2009-12-31	李愈	董事长	0
600257	2009-12-31	罗祖亮	董事长	0
600265	2009-12-31	马春华	董事长	0
600275	2009-12-31	蒯英海	董事长	0
600354	2009-12-31	王大和	董事长	0
600359	2009-12-31	李远晨	董事长,党委书记	0
600438	2009-12-31	刘汉元	董事长	0
600467	2009-12-31	李鹏程	董事长	0
600506	2009-12-31	雷洪	董事长	0
600540	2009-12-31	武宪章	董事长	0
600598	2009-12-31	奚河滨	董事长	0
600965	2009-12-31	李福成	董事长	0
600975	2009-12-31	张跃文	董事长	0

附录4　总经理(总裁)持股情况

证券代码	统计截止日期	姓名	具体职务	年末持股数
000592	2009-12-31	钟立明	董事,总经理	0
000663	2009-12-31	廖艳希	副董事长,总经理	0
000713	2009-12-31	徐继萍	副董事长,总经理	3501
000735	2009-12-31	徐自力	副董事长,总经理	21415
000798	2009-12-31	王鄂生	董事,总经理	0
000860	2009-12-31	李维昌	董事长,总经理	0
000998	2009-12-31	颜卫彬	董事,总裁	0
002041	2009-12-31	李小霞	总经理	0
002069	2009-12-31	吴厚刚	董事长,总裁	16960000
002086	2009-12-31	李存明	董事,总经理	0
002200	2009-12-31	徐云葵	总经理	0
002234	2009-12-31	孙希民	董事长,总经理	57155000
600108	2009-12-31	张海	副董事长,总经理	0
600180	2009-12-31	纪晓文	董事,总经理	0
600189	2009-12-31	李凤春	董事,总经理	0
600251	2009-12-31	崔建文	董事,总裁	191892
600257	2009-12-31	杨品红	董事,总经理	0
600265	2009-12-31	王宇	总经理	0
600275	2009-12-31	王晓东	董事,总经理	0
600354	2009-12-31	马宗海	董事,总经理	0
600359	2009-12-31	李新海	副董事长,总经理	0
600438	2009-12-31	管亚伟	董事,总经理	2386800
600467	2009-12-31	张术森	副董事长,总经理	268800
600506	2009-12-31	张强	董事,总裁	0
600540	2009-12-31	何伟	董事,总经理	0
600598	2009-12-31	丁晓枫	董事,总经理	0
600965	2009-12-31	李高生	董事,总经理	0
600975	2009-12-31	何军	董事,总经理	0

附录 5　2009 年年末农业上市公司个股总市值及实际控制人情况

股票代码	总市值(千元)	直接控股股东	持股比例(%)	实际控制人名称
000592	4198124	山田林业开发(福建)有限公司	54.80	刘平山
000663	1885671	福建省永安林业(集团)总公司	32.00	永安市国有资产管理委员会
000713	3321000	合肥市建设投资控股(集团)有限公司	37.76	合肥市国有资产监督管理委员会
000735	5421613	海南罗牛山控股集团有限公司	10.31	徐自力
000798	2558835	中国农业发展集团总公司	25.36	国务院国有资产监督管理委员会
000860	7749002	北京顺鑫农业发展集团有限公司	47.00	北京市顺义区国有资产监督管理委员会
000998	5158692	长沙新大新威迈农业有限公司	21.21	伍跃时
002041	6140640	莱州市农业科学院	52.95	李登海
002069	8493810	长海县獐子岛投资发展中心	47.66	长海县獐子岛投资发展中心
002086	3277344	山东东方海洋集团有限公司	25.02	车轼
002200	4334689	何学葵	28.63	何学葵
002234	1803850	孙希民	53.17	孙希民
600108	10022439	甘肃省农垦集团有限责任公司	17.03	甘肃省人民政府
600180	1802109	中银信投资有限公司	29.88	中国东方资产管理公司
600189	3108105	中国吉林森林工业集团有限责任公司	47.00	吉林省人民政府国有资产监督管理委员会
600251	9204582	新疆生产建设兵团农业建设第二师二十九团	21.06	新疆生产建设兵团农业建设第二师
600257	3185793	湖南泓鑫控股有限公司	22.25	罗祖亮

续　表

股票代码	总市值(千元)	直接控股股东	持股比例(%)	实际控制人名称
600265	1313576	景谷森达国有资产经营有限责任公司	25.57	云南省人民政府国有资产监督管理委员会
600275	3490623	北京华普产业集团有限公司	20.77	翦英海
600354	3375290	酒泉地区现代农业(控股集团)有限责任公司	17.17	酒泉市国资局
600359	6699270	阿拉尔统众国有资产经营有限责任公司	50.79	新疆生产建设兵团农一师国资委
600438	7218960	通威集团有限公司	55.06	刘汉元
600467	6253632	好当家集团有限公司	46.86	唐传勤
600506	1757712	新疆巴州沙依东园艺场	19.75	新疆巴州国资委
600540	3092283	新疆艾比湖农工商联合企业总公司	49.53	新疆生产建设兵团农业第五师国有资产监督管理委员会
600598	26145847	黑龙江北大荒农垦集团总公司	66.51	中华人民共和国农业部
600965	1961411	三河福成投资有限公司	27.66	李福成
600975	2047947	湖南省粮油食品进出口集团有限公司	37.54	湖南省人民政府国有资产监督管理委员会

后　　记

本书成型于本人就读西北农林科技大学期间所做的博士论文，在此我要向帮助我完成学业的老师、同事以及家人致以最诚挚的感谢！

衷心感谢母校西北农林科技大学对我的培养，您给予我快乐与力量，令我难以忘怀。

衷心感谢恩师郑少锋教授对我的谆谆教诲和悉心指导，自己取得的点滴成绩无不凝聚着恩师的心血。恩师精深博大的学术造诣、一丝不苟的治学风范，让我永志不忘并终身受益。

衷心感谢以霍学喜教授、李录堂教授、罗剑朝教授、王征兵教授、王礼力教授、李世平教授、贾金荣教授、陆迁教授、姚顺波教授、朱玉春教授、孔荣教授、孟全省教授为代表的诸位母校老师，感谢你们在传道、授业、解惑过程中辛勤的付出。

衷心感谢在职单位的领导和同事的支持与帮助，使我能够顺利地完成学业。

衷心感谢师兄靳明、陈晓阳、王金安和师姐沈渊对我的引领，你们无私的帮助让我感受到了无尽的温暖。衷心感谢我的同班同学，在与你们的朝夕相处中，我获得了宝贵的知识，体验到了珍贵的友谊，与你们在一起的时光是最快乐和最有意义的时光。

衷心感谢我年迈的父母，儿子未能在身边尽孝，你们却依然不停地关心我、支持我，但愿以后能弥补求学期间对你们的亏欠。

还有太多的谢意不能一一言表，唯有一心向前，继续努力，以稍慰自己那因亏欠太多而惴惴不安的心。

余景选

2015 年 6 月 1 日